入門　神とはなにか　一冊でわかる

入門 神とはなにか

一冊でわかる

ジョン・ボウカー 著
中　川　正　生 訳

知泉書館

GOD

A Very Short Inroduction

by

John Bowker

The translation is published by arrangement with
Oxford University Press

凡例

一、本書は、John Bowker, *GOD A Very Short Introduction*, Oxford University Press, 2014. の全訳である。

一、聖書の巻名と本文は、原則として日本聖書協会発行の『聖書　新共同訳』（一九八七―八八年）に従った。

一、コーランの本文は、『コーラン』井筒俊彦訳（岩波文庫、一九五七年）に従った。

一、原文の引用の出所は本文中と巻末の註で示した。

はじめに

ほとんどの人々は、いつの時代にも、世界中のすべての場所において、神を信じてきたし、現在も相変わらず大部分がそうしている。ところで、この人たちが信じているのはいったい、誰、あるいは何なのだろうか？　実のところ、人々の神の描き方や神との関わり方が、それぞれ互いにあまりにも異なっているために、これまで、ただ意見の不一致というだけでなく、紛争や戦争を引き起こすことさえあった。神は一つなのか、あるいは、たくさんいるのか？　神は天上か、それともここ地上にいるのか？　神は宇宙の外にいるのか、それとも宇宙が神の身体なのか？　このようにさまざまな考え方があって、とても面食らいそうなので、どのようなかたちであれ、神の紹介というものは、「神とは誰、あるいは何なのか？」という質問から始めるべきだと思う。

ところで、この質問も、さて答えようとすればかなり複雑である。「神」という言葉そのものでさえ、あらゆる時代において、すべての人々に同じものを意味したわけではない。ここでは英語の男性名詞の「神 god」という言葉をあえて使うべきだろうか？「女神 goddess」ではなぜいけないのか？　事実、最高の存在である神格についての歴史の最初期の多くの信仰や理解は、それを女神、すなわちすべての生命の源であり基盤である母なる神と見なしていた。「地球上において人間が生活を始めてから少なくとも最初の二〇万年間ほどは、神は女性だった」と、特に考古学的遺跡に基づいて主張されたことさえあった。インドでは、太古から現在にいたるまで、女神は男神と同じように認められ崇拝されている。

これとは対照的に、いわゆるアブラハムの宗教（ユダヤ教、キリスト教、イスラム教）では、女性および母神としての痕跡を残してはいるものの、神格は圧倒的に男性である。この三つの宗教では、人々は神を指す際には男性形の動詞や代名詞を使う。また、神のあるべき本性や性格についての人々の想像も男らしさが支配的である。このような基本的な神の性格づけは、その信者の生活様式にも極めて大きく影響しており、例えば、女性は常に、つい最近まで、男女の会衆の祈禱を執り行なうユダヤ教のラビ、キリスト教の司祭あるいはイスラム教のイマームなどになることを男性から許されなかった。

では、「神 god」という語を使うのをやめて、代わりに「神格 deity」を使うべきだろうか？それではあまりにも作為的すぎるようだし、また、いずれにせよ、神格という用語はしばしばば男性的性格を持つ神として描かれるという事実を曖昧にする。したがって、この本では原則として「神 god」という語を使うことにするが、これまでの幾世紀にもわたる男性支配の後の女性の復権という事実は、すでに私たちの神理解に影響を与えている。このことを認めたうえで、その重要性を忘れないために、神については男性また女性の代名詞は使わないことにしたい。しかし、著作権の関係で変更不能な引用文、および男性と女性の区別が必要なインドの宗教について言及したり論じる際は例外である。

もちろん、結局、神がどういうものであれ、それは人間のあらゆる言葉や描写をはるかに超越しており、また間違いなく性別をもはるかに超えている。しかし、しばらくの間は神の描写や性格づけについて、互いに異なるものが多数存在し、その中のいくつかは、男神や女神を人間的な描写の及ぶ範囲にまで引き寄せていることを認めなければならない。さらに、神についての理解は、いつの時代においても同じであったわけではないという事実を認識するべきである。一つの特定の宗教の内部においてでさえ、人々の神について考え方、語り方には劇的な変化があり、またしばしば深刻な不一致が見られるだろう。

このことを初めて知ったら、読者は多少驚かれるかもしれない。結局、もし神が神であれば、絶対に神は変化しないのだろうか？　多分そうだろう。確かに、「見渡すかぎり変化と崩壊だ。

おお、不変の主よ、われとともにとどまれ」と賛美歌にも歌われている。たとえそうだとしても、変化するのは、各宗教におけるその時代時代での神の描写や性格づけのほうである。

ここでぴったりな実例として、インドの神ディアウスがギリシアの神ゼウスへと変化したことを取り上げてみたい。古代インドでは、天空は生命とその維持（太陽と雨）および突然の破壊（嵐と稲妻）をもたらす原因と考えられていた。天空はこれらの現象をもたらす原動力としてディアウスと呼ばれた。しかし、太陽が太陽神スーリヤとされたように、それぞれに異なる現象が別々の原動力に振り分けられた際に、ディアウスは男神と女神たちが住む八つの世界のうちの一つになった。やがてディアウスはインド以外の土地へ広がり、ギリシアにおいてゼウスとなった。ゼウスは一時ギリシアにおいて神々の最高神となったが、それは前八世紀のホメロスが描くところの「自分を信奉する人間たちからの尊敬と賞賛を求め、もしその尊敬が得られないと感じたらえらく怒りっぽくなるような、つまらぬことで喧嘩をするプリマドンナの一団」(1)みたいな多くの男神や女神の中での最高神だった。しかし、前六、五世紀のアイスキュロスの頃には、ゼウスの性格づけは変化しており、『アガメムノーン』の冒頭のコロスでは、「ゼウスという名で呼ばれるものの正体は問うまい、しかしその名をかれがよしとされるなら、その名でかれに呼びかけよう」(2)とはっきり宣言されるくらいに、さらに疎遠な神になっている。

そして、前四、三世紀のストア派の哲学者クレアンテスは、ゼウスへの賛歌の中で、ゼウスを万物を存在させ、あらゆる生き物を普遍的な理性の言葉で導く唯一の神であるとしている。

この短い実例から、たとえ同じ呼び名、あるいはほんの少しだけ違うにしても、異なる時代や場所において、人々の神の理解と性格づけがいかに大幅に変化するかを知ることができる。しかし、一つの世代から他の世代間において、人々のあらゆるものに対する見方がこれまでいかに大きく変化してきたかを思い起こせば、このような劇的な展開も驚くほどではない。例えば、自然科学では、宇宙は絶えず過去を訂正する新しい方法によって理解されている。だが、科学および神理解の両方のケースにおいて、そこには時間を通して試され、信頼できると発見されたために、不変であるものが多数確実に存在する。しかし、たとえそうであっても、そこには同じままでないものもたくさんある。神と宇宙は両方とも昔からあったようにある、というのが真実であるのはもっともである。しかし、それについての私たちの考えや描写は、私たちが経験、認識、智慧によって成長するにつれて変遷してきた。

このことは神を理解しようとする際には基本的なことであり、この本でさらに詳しく論じられる。要点は、たとえ、もし神は変化しないとしても、異なる人々や異なる宗教における神の描写や性格づけ（神に特定の本性と性格を与えること）の方法は大幅に異なっており、時代を通して実際に変化しているということである。神の意味は固定していない。各宗教および信者たちは、しばしばこのことを認めたがらないが、それは忠誠心と貞節の感情から来ているのももっともである。だが、人々の神理解と性格づけが同じであり続けることは不可能である（神はいつまでも白い髭をはやし、冠を被って雲の上に座しているわけではない）。イタリアの名作『山猫』のなかで、ファルコネリは「変わらずに生き残るためには、変わらなければならない」との有名なせりふを吐いている。

話がここまで来たら、本書のようないわゆる神の紹介というのは、誰あるいは何について紹介しようとしているのかを尋ねることから、なぜ始めなければならないかがはっきりしてきただろう。神とは誰、また何なのか？　これに対する最も率直な答えは、「神とはどんなものであれ、究極的かつ絶対的な真実在に対して語りかけたいときに人々が使う表現である」というものである。互いに異なる宗教は、それぞれ違った方法で究極的実在と一体化し、それを表現するだろうが、しかし、「人智の範囲を超えた無限の神秘のなかに」(3)そのような真実在が存在することを信じている点では少なくとも一致している。

もしそうだとしたら、宗教とは、同じ方向に向かう単なる別々の道であるとあなたは決めつけるかもしれない。しかし、一つの問題は、単に道であるというだけで、別々の道は必ずしも同じ方向を目指しているとは言えないことである。さまざまな道は間違った方向へ向かうこともありうる。各宗教は、矛盾したり、しばしば互いに排他的なかたちで神を語るので、その結果、戦争や紛争や迫害を引き起こしてきた。

そこで、本書の神の紹介では、異なる宗教を信じる人々が、なぜ、どのようにして互いに異なり、しばしば対立するような神の信仰を築き上げてきたのかを、注意深く観察する必要がある。世界の主な宗教では、それを形成している信仰と実践は、はるか昔に据え置かれている。これらの信仰や実践がどれほど発展、変容されてきたとしても、それは聖典や伝統によって伝えられ、権威をもって過去から受け継がれてきたものの解釈や応用を留めている。そこで、現在の時点において、人々が神について信じているものを理解するためには、私たちは過去における宗教を形成した基礎を知らなければならない。それが、この本の各章でカナンやインダス渓谷などのはるかな昔から話を始める理由である。

では、神とはいったい、誰、あるいは何なのだろうか？

第一章では、哲学者や神学者たちが注意深くかつ厳密な言葉で、この問いに答えようとこれまで試みてきたさまざまな方法を考察する。一方、これとは対照的に、詩人や信者たちは、祈りや礼拝において神を表現し、神に語りかける際に、これよりはるかに生き生きと、またわかりやすい言葉を使っている。この両方の言葉、つまり哲学者・神学者たちと詩人・信者たちの言葉は互いにどのような関係にあるのだろうか？　そして、その言葉は私たちに真実を語っているのだろうか？　この問いに答えるために、第一章において、神の存在に関する主な擁護論と反対論のいくつかを検討し、また、この神の存在証明の議論が決定的な論証でなく、しばしば蓋然的な判断になる理由を述べることにする。

第二章では、人々はなぜ神の存在を信じるのかという問いへ立ち返る。さらに、この問いに対して出されてきた多くの異なる答えのうちのいくつかの実例について論じる。多くの信者にとって重要なのは、生活や経験における神を信じることから生じる結果である。その経験の意味するもの、そしてそれが神経科学における最新の研究に関係していることについても解明される。

第三、四、五章および六章では特定の宗教について、宗教的な生活と実践において、こういったことすべてが意味するものを理解するために、さらに詳細に検討する。このような小さな本では、世界のすべての宗教において、神について信じられてきたこと全部を要約することなど不可能である。その代わり、二つの異なるグループの宗教についてより詳細に検討するつもりである。それは、いわゆるアブラハムの宗教と呼ばれるユダヤ教、キリスト教およびイスラム教と、そしてもう一つはインドの宗教である。おのおのの宗教を論じる際の焦点は、第一は、その非常に異なる神の性格づけと描写が確立された過程について当てられ、第二には、最初のそして根本的な神の性格づけが、最も初期の頃から発展、変容を開始した過程について述べる。また、スペースの都合でその後の展開については触れることが不可能だが、いくつかの参考文献を示しておいた。本書は宗教の歴史ではないし、またそれはできもしない。最終章においては、「いかにして神を知ることができるか?」という極めて重要な問いに触れる。

註

（1）T. Griffith and H. Griffith, *Ancient Greek Philosophy: An Introduction*, Naxos Audio Book, 2007.

（2）アイスキュロス『アガメムノーン』二三頁、久保正彰訳（岩波文庫、一九九八年）

（3）J. Hick, 'A Response to Cardinal Ratzinger on Religious Pluralism', *New Blackfriars*, LXXVIII, 1997. p.457.

目次

目　次

入門　神とはなにか

——一冊でわかる——

第一章　神は存在するか?

白うさぎはメガネをかけて、「どこから始めたらいいでしょうか、どうか王様教えてくださいい」とたずねた。「最初から始め、終点に着くまで進み、そこで止めなさい」と王様は重々しく言われた。

（ルイス・キャロル『不思議の国のアリス』）

私たちは神を求めて、これとは反対に、ほとんど逆向きに検討を進めてみたい。つまり、終点から出発し、突き当たるところまで進み、結局そこが始まりであると発見するだろう。そこで、終点から出発するにあたり、つまり神に紹介される前に、これから紹介されようとしている人あるいはものについて、いくらかでも知識を持てたら大きな助けになるにちがいない。つまり、神とはいったい、誰、あるいは何なのか?

神について語る——哲学者と詩人たち

人間の長い歴史の間には、この問いに対して数え切れないほど多くの答えがこれまで出されている。その中には、犠牲や礼拝のような実際のかたち、あるいは神学や哲学のような思索のかたち、または美術や音楽のような想像という方法で表わされたものなどがある。私たち一人ひとりも、神は存在しないので、もしかしたら神とは何でもないものだということまでを含んだ、個人としての答えを多分すでに持っているかもしれない。

神は存在しないということのような特別な答えが、神学や哲学の内省的アプローチを生んだ理由の一つである。哲学者や神学者たちは、神についての問いに向き合うが、「神は存在するか？」という問いだけでなく、次のような問いにも答えようとする。「もし神が全能かつすべてを愛するのならば、なぜこれほど多くの苦しみや悪があるのか？」。あるいは、「もし神がすべてを見通す全知であって、私が実行しようと選ぶことを含むあらゆることを知っていると信じるのであれば、私の〝選択〟は現実に存在するものと言えるのだろうか？　と言うのも、その結果はあらかじめ知られていることになるからである。」

これ以外にも神に関しての質問は山ほどある。神は人間なのか？　神は祈りに応えるのか？　もしそうなら、どう応えるのか？　神は一つなのか、たくさんいるのか？　もともとは、哲学者や神学者たちは神が真に神であるためには、つまり、そこから宇宙が生まれ、それによって宇宙が維持されているようなものであるためには、神はどうあらねばならないかを明らかにしようとした。こういったこと全部ができ、また長い間、かつさまざまな方法で、人々からの犠牲と礼拝を受けるだけの資格が本当にあるためには、神とはどういうものでなければならないのだろうか？

要点を繰り返すと、神は宗教の長い歴史の中で多くの方法で描かれてきたし、また、「神」という言葉は多くの異なる意味を持ってきた。神は「それ以上に偉大なものは考えることができないようなもの」とか、「その中心がいたるところにあり、周辺がどこにもない一つの円である」などと規定されてきた。反対の極では、女優ジェーン・ラッセルは神を「とてもいい人、本当に素敵な男性」と評したし、作家ギルバート・チェスタートンは次のように語っている。

神を見事にカールしたあごひげをもち、王冠を被ったデーン人の王グスルムのように想像する人もいるだろうが、私は、むしろ世界を持ち上げ、奮闘している善良な巨人のような神を考える。

（「白馬のバラッド」）

キリスト教の教父アウグスティヌス（三五四―四三〇頃）は、少年のころ神に祈るときには、神を「偉大な方であって、われわれの感覚には現われないが、われわれの願いを聞いてくださる」と考えていた。(1) 神は私たち自身に極めて似てはいるものの、例えば、母神やあるいは王様のようなより高いレベルのものとして、しばしば人間に引き寄せて描かれてきた。これとは異なるかたちにも、神は想像されうるとしても驚くことではない。フランスの哲学者モンテスキュー（一六八九―一七五五）は、もし三角形が神を持つとすれば、その神は三角形だろう、と語ったことがあるし、彼とほぼ同年代のヴォルテール（一六九四―一七七八）は、『聖書』（「創世記」一章二七節）の「神は御自分にかたどって人を創造された」という一文の注釈で「神は自分にかたどって人を創造したので、人はそれ以上のお返し（人間にかたどって神を創造）をしているのだ」と言っている。

哲学者と神学者たちにとって、神についてのこのような考え方が、どこまで当てはまるのか、そしてどこで当てはまらなくなるのかを調べ、かつ問うことが、彼らの仕事の大きな部分だった。さらに前向きに、神は「私たちに極めて似てはいないが、もう少しだけ大きい」ということを私たちがいったん知った以上、では神はどういう存在でなければならないか、と問い続けている。彼らは数千年以上にわたり、神に関して本当に、あるいは論理と論証において正確に何が言えるかという問題を扱ってきた。

その結果、哲学者と神学者たちは、もし「神」という言葉が真に重要な意味を持つのならば、それが意味しなければならないことを定義するところまでお終いにしている。神であるために神はかくあらねばならないという定義は、当然のことながら、神が存在することを論証することはできない。しかしながら、それは神についての人間の考え方の厳密さに道を開き、さらに、少なくとも、これから私たちが紹介されようとしている人あるいはものについての最初の知識を与えてくれるという点では重要である。

これが、この本が哲学や神学の長い歴史のはるかな終点から話を始めようとしている理由である。神に関して行なわれてきた知的で思弁的な対応の長い歴史の最初から考察できるように、終点から出発することにしよう。ところで、私たちが論じようとしているのはいったい何だろうか？　あるいは、この問いをもう少し言い換えるとすれば、現代の哲学者リチャード・スウィンバーンは次のように述べている。

神がいるという主張はどう理解されているだろうか？　仮に、こういう具合ではないだろうか——本質的に身体がなく、遍在し、どんな宇宙であってもその創造者にして維持者で、完全に自由で、全知かつ全能で、完全に善であり、また道徳的義務の源泉であるような一人の人が必ず、永遠に存在していると。(2)

しかし、もしこれが私たちが到達しようとしているところだとしたら、私たちは果たしてそこにたどり着きたいと願うだろうか？　これはインドの村人が土で神像を造り、花を供えて祈っていることや、毎日五回メッカの方角に向かって祈るイスラム教徒や、生まれたばかりの子供の舌に蜂蜜をひと垂らしして、耳元でムルマントラの呪文を唱えるインドのシク教徒の母親がしていることなどとはかなり違っているように見える。

このような人々が、これまで人間の歴史の中で大部分を占めてきており、依然として現在もそうである。彼らにとって、神は単にそこに存在しており、しばしば劇的ではない方法で、しかし、たまには幻覚や遭遇という非常に直接的な感覚によって、神の面前で、神とともに生活しているのである。人々は、神が彼らの生きる目的と意味を与えると同時に、災難に遭ったときには力と手助けを与えてくれることを知っているのである。

詩人レス・マレーは、詩心が詩の中にあるように、神は世界の中にあると書くことで、神が常に存在しているというこの感覚を表現しようとした。それは、また、七、八世紀頃の南インドの詩人サンバンダルが、話の中に意味があるように、神は世界の中に常に現われていると書いたのと呼応している。しかし、ここに見られる哲学者と詩人たちの間の違いはあまりにも大きいように見える。『聖書』の詩人や賛美歌作者が「栄光に輝く王とは誰か？」との問いを投げかけた際に出された答えは、哲学者の答えとあまりにも違っている。「強く雄々しい主、雄々しく戦われる主。……万軍の主、主こそ栄光に輝く王」（「詩編」二四章八―一〇節）。この神の生き生きとした感覚を、哲学者の神とどう結びつけることができるだろうか？「本質的に身体を持たない人」が、どうして戦場において勇猛で、敵を打ち倒し、「強力な王を打ち殺す」ことができるのか？インド神話を例にとれば、時間の破壊的エネルギーの化身である血に飢えたカーリー女神が、彼女の配偶者シバ神を虐殺し、その死骸の上で裸で踊るのだが、彼女がどうして道徳的義務の源泉となりうるのだろうか？フランスの哲学者、数学者であるパスカル（一六二三―六二）が神を直接経験したと感じた際、それは哲学的反省から大きく隔たった燃える火のようだった。

キリスト紀元一六五四年
夜一〇時半から一二時半ごろまで
火
アブラハムの神、イサクの神、ヤコブの神
哲学者や学者の神ではない。
確実、確実、直感、喜び、平安。
（『覚え書』）

パスカルにとって、彼の神体験は神についての哲学者の考えや書いたものからは、はるかに隔たったものに思われた。そしてまた、本書のサブタイトル A Very Short Introduction（非常に短い紹介）が示すように、もし私たちが「神に紹介して」もらいたいならば、この二つの考え方がどう結びつくのかを尋ねなければならない。つまり、広く一般に主張されている神体験（火、確実、喜び、平安）と哲学者や神学者たちの慎重で深い思索とがどう結びつくのだろうか？　あるいは、逆に言えば、なぜ哲学者は神を「必然的に、永遠に本質的に身体を持たない人」などと定義して終わりにしたのか、そしてさらに、どの点で信者たちは神を崇拝または礼拝してひたすら頭を垂れるのか？

この両者つまり信者と哲学者たちは、同一の対象物、すなわち神について異なった方法で語や言葉を使っているという事実においては、極めてはっきりと関連がある。信者たちは、彼ら自身の時代と場所において使うことのできる語や言葉なら何ででも、神に語りかけたり神を表現したりする。それは例えば、マントラあるいはキリスト教で異言として知られているもののように、日常的に使用される言語を超えた音声さえも含んでいる。一方、哲学者はそれらの背後にある言葉や主張を考察し、その背後の主張の意味するものを尋ね、とらわれないより公平な方法で真にまた明晰にこれを表現できないかどうかを求める。

この二つがどう関連しているかは、時と場所を著しく異にする次の二つの詩、すなわち「詩編」二四章（ここから「栄光に輝く王とは誰か」との上のような問いが生じた）と七世紀頃の南インドの詩人アッパルの詩「マルマット　ティィルト　タンタカム」に使われた言葉の実例によってよく知ることができる。そこで使われている言葉は生き生きとして個人的であるが、しかし、哲学者のより情熱的ではない、抽象的な結論を示している。この二つの詩は同じ境地にある。「詩編」（二四章）は次のように始まる。

地とそこに満ちるもの

世界とそこに住むものは、主のもの。
主は、大海の上に地の基を置き
潮の流れの上に世界を築かれた。
どのような人が、主の山に上り
聖所に立つことができるのか。
それは、潔白な手と清い心をもつ人。
むなしいものに魂を奪われることなく
欺くものによって誓うことをしない人。
主はそのような人を祝福し
救いの神は恵みをお与えになる。

スウィンバーンが指摘したように、神は「どんな宇宙であってもその創造者にして維持者で、完全に善であり、また道徳的義務の源泉」であると語るのが詩のやり方であるが、同じことが、ここでは神を礼拝しようとエルサレムの神殿に向かっている人によって語られている。同様に、インドのアッパルの七節の詩は、神を「永遠に一人の人であり、遍在し、完全に自由で、全能で、全知で、そして完璧に善である」とし、それを献身的な恋人の言葉で表現している。

われらがすべきことはただ一つ、
おのれ自身を顕現したあなたの栄光を歌うこと。
動くもの、また動かぬものとして、
大地、水、火、風そして天空として、
小さきもの、また大きなものとして、
恋人たちの手の届かぬもの、またたやすく捕まるものとして、
最高の実在、広大無辺の偉大なものとして、
限りなきサダシバ、そしてあなたと、わたしとして。

言葉と意味

神について言えば、その結果、哲学者と信者たちは、神について（信者の場合は神に向かって）何かを語るにあたり、互いに異なる彼ら独自の方法で語や言葉を用いている。しかし、彼

らは何について語っているのだろうか？　もし何かがあるとして、いったい何について言及しているのだろうか？

神の場合は、この宇宙にある多くの事物の中に見つけられるようなものは、どんなものでも、それに語りかけられることなどできないことははっきりしている。と言うのは、もし神が万物の創造者にして維持者、またこの宇宙あるいは他のどんな宇宙であってもそれの創造者で維持者であるならば、その神は創造されたものの一部分であることは不可能であるからだ。つまり、神は宇宙の多くの対象の中の一つの対象ではないからである。

このことは、神は稀少動物のように調査のために造り出されることはできないし、また、私たちが見知らぬ人に紹介されるように、神に紹介されることもありえないことを意味している。例えば、ディケンズの小説『ピクウィック・ペーパーズ』のケントの領主の館におけるピクウィック氏の場合を想像してみよう。

古い客間に集っていた数人の招待客は、ピクウィック氏とその友人たちの入室にあたり挨拶のため立ち上がった。ピクウィック氏はたいそう形式ばった紹介の儀式が行なわれている間、手持ち無沙汰だったので、彼を取り巻く人たちの風貌を観察し、その人品や職業について思いをめぐらせた。これは多くのお偉方に共通の楽しみの一つだった。

神はこんな具合に、その姿が見られ、それと認められるケントの人のようなものではない。あなたや私は、今はたまたまここにいるが、明日はいないかもしれない、しかし、神はこれと同じように、今日はここにいて、明日は去ってしまうようなものではない。専門用語で言えば、私たちは偶有的であり、時間と環境の一部である、しかし、神はすべての偶有的なものの源であり、偶有的、つまりたまたま存在するものではない。神はただ存在しているだけである。

もしそれがそうであるならば、神は私たちのように、時間と空間という条件の中には含まれていない。神は、時間と空間そして実にあらゆる事物がそこから存在を獲得し、それによって存在し続けることのできる一者であることができる。すなわち、神が神であるためには、神は存在するすべてのものの自らは創造されない創造者でなければならない。あるいは、キリスト教の哲学者で神学者アクィナス（一二二五―七四）が言ったように、「神は存在の領域外に存在しており、あらゆる異なったかたちで存在する万物がそこから生まれ出る原因であると考えられるべきである」。

そうでないと、神を存在するか、しないかもしれないようなものの中に存在させることになるので、私たちは神は存在しないと言明しなければならないが、それはとても重大な意味を持つことになる。それが、デンマークの哲学者でしばしば近代実存主義の創始者とされるキルケゴール（一八一三―五五）が、「神は存在しない、彼は永遠である」と言うことができたわけである。

一方、これと同じように、私たちは、神だけが真に存在すると言うことができる。なぜなら、すべての被造物は時間の中に存在の契機を持っており、時間の外では真実在たりえず、存在として出現し、消滅するからである。存在として出現することで万物は存在するにいたるが、神はそのような方法あるいは他の方法で存在にいたることはない。

ここに一つの、しかし重要な違いがある。人間やハムスターのようなすべての偶有的存在については、私たちは人間の本質、そして、したがってハムスターと人間を区別するものを知ることができる。しかし、その本質についての知識は、個別の人間がたまたま存在するかどうかについては教えてくれない。つまり、私たちは一角獣や不死鳥の意味するところ、すなわち彼らの本質については知っているが、そのことは一角獣や不死鳥が実際に存在することにはならない。

これと対照的に、神であるということは、少なくとも定義の上では、存在することである。

神は、神であるためには、存在する万物の創造されない創造者であるためには、何ものか、あるいは何か他のものにその存在を支えられることはできない。言い換えれば、神は他のいかなるもの、いかなる存在からも自らの存在を導き出すことなく、その本質がただ単に実在する一者でなければならないとする定義（また事実）が理にかなっていることになる。

このような考え方によって、それ以外の何ものも信頼できないのだから、信者が神を信じる理由がはっきりする。例えば、イスラム教徒が神を信じ、イスラムという言葉の意味である服従と安全の境地に入る際には、彼らはたとえこの宇宙あるいは他のどんな宇宙がたまたま生じ、あるいは滅亡したりするようなことが起こったとしても、ただ単に存在するだけの唯一者を信じるのである。彼らの言う「安全」は言い換えれば、攻撃を受けることはない。なぜなら、それは支えられる必要のない自らを支えている唯一者、つまり神に基づいているからである。

神はこの宇宙あるいは他のいかなる宇宙をも超越している。すなわち神は超越者である。『コーラン』は信者を次のように挑発している。

アッラー以外の者の加護をどうして願う気になれるものか。（アッラーこそ）天と地の創造者で、（一切のものを）養い（御自分は他の何ものからも）養って貰うことのない神様ではな

いか。　　　　　　　　　　　　　　　　　　　　　　　　　　　　　　（六章一四節）

しかしながら、もし神が創造者としてそれほどまでに超越した他者であり、また、あらゆる被造物とはそれほどはっきりと違っているとすれば、私たちはいったいどのようにして神について語ることができるのだろうか？　哲学者や神学者たちは、もし「神」という言葉が適切かつ軽々しくなく使われたならば、神はこうあるべきだと定義しようとするだろう。しかし、もし私たちが神を創造者として語るとすれば、それは神をユダヤ教やキリスト教の『聖書』（「イザヤ書」六四章七節、「ローマの信徒への手紙」九章二一節）に述べられているような、器を造っている陶工のようなものを意味することになるのではないだろうか？　もしその表現を文字通りにとるならば、神はろくろの脇に座り、粘土から器を造るみたいに土をこねている。しかし、それでは物を造る手と身体を持つ私たち人間と同じように、神を限定され偶然に支配されるものにしてしまうことになるだろう。

あるいはまた、『コーラン』が、神は天と地の「創造者」であると述べる際には、アラビア語の動詞ファタラ fatara が使われている。この動詞は「彼は分配する」「彼は酵母の入っていないパンを焼く」「彼は親指と人差し指で羊の乳を搾る」「彼は朝食を摂る」などを意味することができる。しかし、この意味のうちのいずれも、天と地の創造者としての神に文字通りに当てはめることはできない。

したがって、神について語る言葉は、私たちの住む世界で私たちが使っているのと同じ意味で、厳密に同じ方法で使うことはできない。私たちが日常生活において意味している言葉を一義的に、つまり一つの意味で神を意味するために使うことはできない。

ところが一方、私たちが神について使う言葉は日常生活での言葉と何らかの関連もなければならない。なぜなら、そうでなければその言葉の意味を理解できないからだ。例えば、英語のハイド hide という言葉で「獣の皮」あるいは「隠れ場所」を指す場合のように、私たちは一つの言葉を二つのまったく違った意味に使うこともある。この例ではハイドは二つの無関係の意味に多義的に使われている。

したがって、もし私たちが一義的にも（なぜなら創造者、存在するすべてのものの創造されない創造者は、創造されたあらゆるものとは必然的に違っているから）、多義的にも（なぜならそれは創造者を創られたものとは理解できないほど違ったものにするから）、神について語ることができないならば、ではいったいどうすれば神について語ることが可能だろうか？

神を語る――類推と全知、全能

伝統的な答えによれば、私たちは類推によって、神を語ることができるとされてきた。創造というものは創造者が意図し、それを維持した結果であるという意味では、創造者と創造の間には一つの関係性がある。したがって、もし、「橋が強い」「ヘビー級のボクサーが強い」「ビールが強い」と言うことができるとすれば、「神は戦場において強くて、勇猛だ」と私たちが言うときに何を言いたいのか、私たちは類推によって理解することができる。それは「神がアルコールに強い」（一義的）とか、「神の力は私たちがいろいろに理解している力」（多義的）とはまったく関係がないと言おうとしているのではない。むしろ強いということで意味するもの（類推）に対する人間の理解を考えてみたときに、神の「全能」についてある洞察を獲得するのである。神は強い、しかしそれは私たち自身や宇宙内の事物について私たちが使う「強い」という言葉と正確に同じではない。神は全能であるという主張は、神は論理的に可能な（あるいは、物理‐論理的あるいは論理的に可能ないかなることも）あらゆることを行なうことができるという意味である。しかし、いくら神でも四角形の三角を造ることはできない。

奇跡はこれと矛盾するのではないだろうか？　奇跡とはしばしば非‐論理的にありうることだと定義されたとしても、それにもかかわらず起きている。その種の奇跡には当然言い伝えがあるが、それは不可能な言い伝えとして残っており、依然として説得力を持つことができている。というのは、詩人ジョージ・ハーバートが「二段離れたところから奇跡の意味をとらえなければならない」と言ったように、それはそうだとしても、フィクションが事実として語られるのと同様に真実として語られることがあるためである。

しかし、これと対照的に、「奇跡 miracle」という語はラテン語の miror（不思議がる、驚かされる）から来ている。その意味ではそこには多分に奇跡的なものが含まれており、人間に同じことができるはるか以前に、神は全能者としていろいろなことを行なうことができたというのは確かに真実である。例えば、病気治しが良い例である。当時それ以外には不可能だと思われていたようなことが、過去において起こったとされているが、それは現在では手術や医薬で当たり前のことになっている。しかし、それでも、そういった病気治しは、それを事実として単純に認めるわけにはいかないかもしれないが、私たちを不思議がらせ、驚かせる奇跡として残っている。

これと似たような考え方は神の「全知」についても当てはまる。石女の息子の名前などのように、もともと知ることができないものについては、神も知ることはできない。また、より実際的な例としては、少なくとも原理的には現在から未来を予測できるとするポスト・ニュートン的考え方に比べ、耐量子の世界では未来のある出来事は蓋然性以上には知ることはできない。マンジット・クマールは「ニュートン的宇宙は機会の余地のない純粋に決定論的な世界であり……蓋然性とは、万物が自然の法則に従って展開している決定論的な宇宙についての人間の無知の結果であった」と指摘している(3)。

したがって、つい最近まで「蓋然性」というものは人間の一時的な無知を覆い隠すイチジクの葉のようなもので、科学の進歩の結果、蓋然性は確実性に取って代わられるだろうと考えられていた。これまでは、一人の全知者が宇宙におけるすべての原子の現状と運動量を知り、そこからあらゆる将来の結果を導き出すことができるだろうと信じられてきた。例えば、ダーウィンの番犬とされるハックスリー(一八二五—九五)は物理学者ジョン・ティンダルについての評論で次のように述べている。

彼の問題の面白いところは、……一かたまりの肉の中の分子の力を知ることができたならば、そこからハムレットかファウストかを導き出せるというものだ。彼は将来の物理学はこれをたやすく解決するだろうと確信している(4)。

ニュートン力学の世界では、科学的進歩によって獲得された確実性が無知を追い払い、蓋然性の頼りない当てずっぽうを追放するだろうと考えられていた。ところが、現在ではそれが違うのである。実際（耐量子世界）には、またそのことに関しては、神もいかなるスーパーコンピューターも、蓋然性が宇宙の本性であるために蓋然性抜きには何もできないことが明白になった。したがって、知ることができない未来においては自由な行動が存在することになる。例えば、ファインマンの量子力学の第一原理には、「予測可能な唯一のことは異なる出来事の蓋然性だけである」と述べられている(5)。こういった種類の理由により、神の全知についてより正確な定義がなされてきたが、この定義が神を全知とするのは、

より大きな認知力を持つ者が存在することが不可能であって、しかもこの能力が十全に行使されている場合、そしてその場合のみである。……神の認知力が凌駕しえないものであって、しかもそれが十全に行使されているかぎり、神が未来の自由な行動を知らずにいることは、神が全知であることを損なうものではない(6)。

全能、全知についてのこのような例は、両方とも私たちを神について語ることができるようにしてくれる類推に十分に資格のある根拠を明らかにしている。ところで、類推には二つの異なる型がある。第一は、「ある人が健全だ healthy」と言い、また類推によってその言葉を預金残高にも応用する場合のように、一つの言葉を一つのものに使い、さらに他のものにも応用する場合である。厳密に言えば、有機体だけが健全であることができる。しかし、私たちが「預金口座が健全だ」と言うとき、その意味するところはわかっているのである（このような類推は専門的には「帰属類推」として知られる）。

第二の類推の型は、ある人とある植物がそれぞれ「生きている living」と言う場合のように、一つの言葉を両方に異なる使い方をする場合である。この場合両方とも真実であるが、人間と植物の場合では「生きている」の意味が同じではない。二つとも関連する特徴はあるが、おのおのは独自の本性に関連した部分を持っている（この種の類推は「比例類推」として知られる）。

無神論

この二つの類比は神についても当てはめることができるが、もっともその際は慎重でないわけにはいかず、また論争や反対意見にしばしば直面することもある。例えば、もし、神は愛である、がその愛は厳密には私たちが理解しているような愛ではない、と言ったとすれば、「厳密にはそうではない」と言うことで多くのことがなくなっており、後には何も残されていないことになるだろう。哲学者アントニー・フリューはそれを「無数の条件づけによる死」と呼んだ。

神は、私たちをあたかも父がその子たちを愛するように、愛すると一般に言われている。私たちはそれで安心させられる。ところで、ここに、手術不能な咽頭ガンで死にかけている一人の子供がいるとする。地上の父は子供を助けようと死にもの狂いになるが、一方天上の父は目に見えるような関心のそぶりを示すことはない。そこである条件づけが行なわれる。すなわち、神の愛は「単なる人間的愛ではない」、あるいは、「計り難い愛」であると。そこで私たちはそのような苦しみは、「神は、私たちをあたかも父のように愛する」という主張の真理とまったく矛盾しないのだと了解し、再び安心させられる。しかしそこで、自分だけに与えられることになっている神の愛の価値の保障はどうなっているのだろうかと、もしかして尋ねるだろう。もし、私たちが、「神は私たちを愛していない」とか、あるいは「神は存在しない」などと単に〔道徳的にそして間違って〕言いたくなるだけでなく、さらに〔論理的にそして正しく〕言う資格があることになったら、いったいどういうことになるだろうか？[7]

フリューの見解によれば、神に対する注文は『不思議の国のアリス』に出てくる、すぐに消えるチェシャの猫の笑いとほとんど同じようなもので、神もまた消え去ってしまう。「こうして立派な威勢のいい仮説も、無数の条件づけによる死により、少しずつ否定される」。風呂の湯も桶一杯汲み出してもほとんど減ったようには見えないが、それを続ければ最後には空になる。

もしそうだとしたら、神に関して何か意味のあることを言うことはまったく不可能に見えるだろう。とすれば、そこでの唯一の選択は無神論者 atheist〔ギリシア語の a〔否定〕+ theos〔神〕〕であることだと結論する人もいる。『無神論の仮説』という本を著わし、フリューが自ら結論づけたのがまさしくこのような考えである。その本の中で、彼は「神」という言葉の使用は、ある現実の存在がたとえ理論の上だけであったとしても、そのように描かれることを可能にする意味に限定するか、あるいは意味を与えられるべきだと主張した。つまり、もし、神を四つの角を持つ三角形だと定義するならば、たとえ理論上であっても、そのように描かれるような現実の存在に関しては何の議論も生じないだろう。フリュー（当時の）や他の多くの人の見解では、「神」を「身体を持たない人」と定義することは、四角い三角形により近く、そしてそれは一つの現実の存在を指している。

完全に超越的な存在として、伝統的に理解されてきたように神を語る言葉や表現を用いることが困難だったので、二〇世紀の間に多くの人は伝統を捨て、日常の言葉で神を再定義しようとした。その中の重要な一人がドイツのルター派牧師ディートリヒ・ボンヘッファー（一九〇六―四五）で、彼は伝統的な神理解は反論に耐えられないと主張した。

神という作業仮説は自然の解釈または理解に関しては、もはやいかなる実際的な価値を持っておらず、実のところしばしばよりましで真実らしい解釈の邪魔になっている。現実においても、神は次第に統治者よりもすぐに消えてしまう宇宙的なアリスの猫の笑いに似てきはじめている……。

知識人、教育のある男性あるいは女性が、現在のようなかたちで神を信じることはやがて不可能になるだろう。それはちょうど、地球は平らである、ハエは自然に発生することができる、病気は神の罰である、あるいは死はいつも魔女のせいであるなどと信じることができないのと同じことだ。しかし、神々は、しばしば聖職者の利益に守られ、あるいは怠け者の隠れ家に、あるいは政治家の操り人形として、あるいは不幸で無知な人々の避難所として間違いなく生き延びるだろう。(8)

その結果、ボンヘッファーは「成人した世界における神の間違った概念の放棄」を呼びかけ、人間の知識や理解の隙間を説明するために使われた、いわゆる「隙間の神」を宇宙の外から内側へ持ってきた。しかしながら、彼は神を捨てず、また無神論者にもならなかった。そして、実際に、いやしくもイエスの弟子であるならばそうあらねばならないこと、つまり「弟子の代価」を信じ、それを実行したために、一九四五年ナチによって死刑に処せられた。私たちは知らないものではなく、知っているものの中に神を見つけなければならないと彼は主張し、神を「生活の真っただ中において彼岸的である」と定義した。私たちのはるか上方、彼方にいる超越的な神の代わりに、神という言葉の有効な意味は私たちの真っただ中にあることを見出されなければならない。これまでの超越という表現に対抗する言葉を使うとすれば、神はインマネント Immanent（ラテン語 in〔内〕＋ manere〔とどまる〕。神われらとともに在す）であると認識されなければならないと説いた。

神の死——超越と内在

ボンヘッファーの例に続いて、第二次世界大戦後には他に幾人もが「神は死んだ」と宣言した。もっとも、アジアではジャイナ教徒や仏教徒を含め、二〇〇〇年以上もの昔から多くの人々が神の死を表明してきている。西欧では、一八八七年にニーチェ（一八四四—一九〇〇）が神の死をはっきり述べたのが最近の出来事だった。しかし、それよりはるか昔に、キケロによればディアゴラス（前五世紀）はヘラクレス神の像を砕いて薪にしてカブを煮て、神は存在しないと公然と言い放ったという。

二〇世紀に「神の死」が宣言されたことによる影響の一つに、神がインマネンス（内在）と再定義されるとすれば、その「神」という言葉の意味の探究ということがある。例えば、神の超越という伝統的な理解を擁護する代わりに、私たちの運命を支配する宇宙において、独立かつ全能な力である自然あるいは自然の法則を人々が経験することから神の意味が再構築された。

神を自然であると再定義することは、一七世紀の科学革命の冒頭、特に哲学者スピノザ

（一六三二—七七）にまで幾分さかのぼることになる。スピノザは、神は単一かつ唯一の無限の実体であり、したがって自然と同じであると主張した。つまり「永遠かつ無限なる存在を私たちは神または自然と呼ぶ」（『エチカ』）と言い、この考えは一般に「神即自然」としてまとめられている。結局これは汎神論 pantheism（ギリシア語の pan〔すべて〕＋theos）の一種である。

スピノザは神の内在を説いたが、それはいかなる神の説明よりも激しかったので、アムステルダムのユダヤ教会から除名された。なぜなら、「神即自然」はユダヤ教の超越的な創造者と被造物との間の根本的な区別を覆い隠すからである。しかし、彼の見解は、特に外部から観察される自然と、万物が生まれ展開する過程としての自然とを区別した点において、宇宙の内部で神を再定義しようとするその後の試みに強い刺激を与えた。

過程への関心の集中は哲学者で数学者Ａ・Ｎ・ホワイトヘッド（一八六一—一九四七）の思想の基礎となった。彼は無神論に陥る代わりに、神を宇宙の範囲内で再定義しようと試み、広く影響を与えたが、それはプロセス神学と呼ばれた。彼はスピノザよりさらに過去にまでさかのぼり、「万物は常に生成と消滅の過程にあり、決して実在はしない」と説くプラトンの『ティマイオス』の言葉から出発した。ホワイトヘッドによれば、宇宙は永遠に存在する「事物」からでなく、それに価値を与えるものを実現しようと協力し合う「経験の諸契機」からできている。このすべてのシステムは神の内部に在る（これは汎神論と区別して汎在神論 panentheism と言われる）。この神は秩序を保ち、現実の生起を許す無限の能力を持ち、万物を究極の完成と満足へと導く。神はアトラクションであり、ホワイトヘッドの言葉ではあらゆる可能性を完成へと導く「誘い」である。

インマネンス（内在）の強調はもちろん二〇世紀における哲学的ジレンマから始まったわけではない。E・B・タイラー（一八三二―一九一七。人類学を学問として確立した中心人物）によれば、アニミズム animism（ラテン語の anima〔魂、霊〕＋ ism）というかたちで、インマネンスは宗教そのものの起源であるという。アニミズムとは、あらゆる自然界の生き物はある超自然的な霊によって生かされており、その霊とはさまざまな確認の儀礼によって交流することができるという信仰であり、その多くが現在も存続している。そのため、タイラーは「アニミズムは事実として原始人から文明人にいたるまでの宗教哲学の基礎である」と主張した(9)。

このような宗教の起源に関するタイラーの考え方は信じ難いが、しかし、アニミズム的な信仰は確実に広く行なわれており、インマネンス、すなわち内在という考え方の変種があらゆる宗教において根本にあり、そのいくつかでは卓絶しているということを思い出させてくれる。例えば、日本におけるカミ kami は日本人に崇拝されている神聖で霊的な力であるが、幾分超越という意味では神（God）と同等にはなりえない（kamiをGodと翻訳するわけにはいかない）。日本には「八百万のカミ」がいて、全宇宙に満ちており、事物や人々にそれぞれ独自の力や形を与えている。人々は、自宅や神社での祈りや供物などを含むさまざまな方法でカミを認め、カミと交わる。しかし、カミはカミであるがゆえに崇拝されるのであって、超越的な神の顕現として崇拝されるわけではない。

このアニミズムとカミという神の内在についての二つの例は、伝統的な宗教世界の内部にしっかりと残っている。ところで、ボンヘッファーが主張した「非宗教的キリスト教」は、伝統的な宗教用語をこの俗世において価値のある用語への言い換えの追求であった。アメリカの哲学者・神学者パウル・ティリッヒ（一八八六―一九六五）は、この考えの有名な擁護者・唱導者であり、特にジョン・ロビンソンの著書『神への誠実』（一九六三）ではティリッヒの考えが強烈なかたちで表現されている。ティリッヒは「神」という言葉は、私たちの人生の絶対的で不動な根底、私たちの存在の基礎、人生の価値や意味に対する真剣さの深みに対して用いられるべきであると主張した。

あらゆる存在の無限で無尽蔵な深みそして根底が「神」と名づけられる。深みこそ「神」

という言葉が意味するものであり……、もし神が深みを意味すると知ったなら、あなたは神をさらによく知ったことになる。そうなれば、あなたは自分自身を無神論者だとか不信心と呼ぶことはできない。なぜなら、あなたは「人生には深みがない、人生とは浅薄なものだ、存在そのものはただ表面だけだ」などと考えたり言ったりはできないからだ。もし、こういうことを心から真剣に言うことができたら、あなたは無神論者だろう。しかし、そうではないなら、無神論者ではない。深みを知る人は神を知るのである。

（ティリッヒ『地の基は震え動く』六三頁—）

しかし、彼あるいは彼女は知っているだろうか？　過去の長い世界中の伝統のなかで、神と人間の関係についての偉大な先覚者や探求者たちは、神は私たちの存在の基盤であり、究極の関係であると、これと同じような確信を持って言うことができた。しかし、彼らは「揺るぎない基盤」は、まさしく私たちとの個人的な関わりよりもはるかに隔たっており、また、私たちの「深み」の感情よりはさらにより根源的であることを発見していた。ここで一つだけ実例をあげてみたい。ヤン・ルイスブロック（一二九三—一三八一）は次のように述べている。[10]「父は私たちの基盤にして起源であり、そこにおいて私たちは自身の存在と人生を始める」。ここでの違いは、ルイスブロックは彼が「アクティブ・ミーティング」と名づけた関係を指すのに類推的に「父」という言葉を用いていることである。ルイスブロックや他の多くの人たちが経験したような、「愛に満ちた浸礼（全身を水に浸して罪を清める儀式）という祝福された抱擁」を成し遂げるには、言葉の表現力からはるかに隔絶した神の超越が文字通り必要不可欠であり、それがなければこれは起こりえない。

今や、神とのこのアクティブ・ミーティングと愛に満ちた抱擁は、その根源において至福の状態にあり、特定のかたちをとることはない。なぜなら、うかがい知れずどこにも例のない神の存在は、極めて暗くかつ特定のかたちを欠いているので、本質的な合一という豊かな抱擁において、神のあらゆる神聖な形式、活動、特質などをそれ自身の中に包み込んでいる。こうして抱擁はこの言語を超絶した深淵において、神聖な至福の喜びをもたらすのである。ここには喜びに満ちた交わりと本質的な赤裸な状態への自己超越的な浸礼があり……、ここには愛の浸礼という至福の抱擁における永遠の休息以外のなにものもない。これがすべての個々の熱心な魂がなによりも求める例のない存在、すなわち神であり、あらゆる信者たちが道に迷う薄暗い場所である。しかし、私がこれまで示してきた方法での徳行を積む準備ができるならば、私たちはただちに自らの肉体を脱ぎ捨てて裸になり、かつていかなるものも私たちを引き戻すことができなかった大海の荒波の中へ飛び込むだろう。(11)

これは忘れ難い神体験について、何かを伝えようともがいている言葉である。それは単に恋に落ちるのではなく、愛の中に落ち込む、愛そのものである神の中へ落ち込むこと、すべてのものが招かれ、しかも誰も強制されない経験なのである。

この「言いようのない」「例のない存在」といった表現や言葉は、神について私たちが話し合っていることを問う人たちをひどく怒らせるものである。それがフリューが次のように主張する理由でもある。「神仮説の提案者は、他の実際的な仮説の提案者と同様に、最初に神の特定の概念が受け入れられるべきであることの説明から始めるべきで、そして次にそれに一致する対象をどう同定するかを示すべきである」。これはなぜ私たちがこの本において、神についての考え方が統合されてきた過程の考察から出発したかの理由でもある。

「神の特定の概念が受け入れられるべきだ」という考えが、もし神が神であるならば、神は論理的に必要なもので、超越的であり、その結果、神は宇宙の他のもののように創造されることは不可能である、と主張した瞬間にジレンマが始まった。そのために神について一義的に語ることは不可能であり、その結果、「言いようのない」「まったく理解できない」や「表現を絶した」といった文句を使わざるをえなくなったのである。

しかし、一体全体なぜこのような言葉を使うのだろうか？　あのように絶対的なかたちで超越している神の概念は、決して単純には「理解されていない」という主張をなぜ素直に受け入れないのか？　それは不可解とされているのではないか？　このことについてフリューはさらに問いを発している。信者つまり神が存在すると信じる人にとって、神が存在する根拠はいったい何なのか？　フリューは語る。

神が存在すると信じるためには、その信仰のために十分な根拠を持っていなければならない。もし、そのような根拠がないとすれば、神を信じる十分な理由がないことであり、そこでの唯一の理性的な態度は消極的な無神論者あるいは不可知論者でいることだ。

そのような「信仰の根拠」を用意できるだろうか？　神に関する議論は過去にも現在にも同じように確かに提出された。しかしながら、このような議論は神の存在を信じる十分な理由を提供しているだろうかというフリューの問いかけは残されたままである。

神の存在を支持する議論

過去の古典的なこの種の議論では、インドではウダヤナ（一一世紀頃）、西洋ではトマス・アクィナス（一二二五―七四）が特に連想される。ウダヤナは『ニヤーヤ・クスマーンジャリ』という本の中で、特に仏教徒の反対を押し切って、神は存在し、全存在の創造されないところの創造者であり、したがって宇宙の生成、維持、破壊の責任を負うと弁護した。一方、アクィナスは神の存在証明に五種類の説（五つの道として知られる）を説き、理性はその議論によって導かれ、神が存在することを間違いなく認識することができると考えた。

神の存在証明の議論のいくつかは、宇宙についての考察から生まれている。彼らは宇宙が相互にまた人間からも非常に異なっていることはわかったが、そのことは議論の形式や論理には影響していない。そこで人々は、いかにして宇宙が創造されたか、また、なぜ現在のようにあり続けるのかを説明するためには、論理的にまた必然的に神が求められると論じた（宇宙論的証明）。また、宇宙は全体また部分においても、設計者の存在を要求するような目的を持った意図的な設計がなされているとも論じた（目的論的証明）。本体論的証明とは、神を完全な存在とする定義から生まれたもので、もし神が存在しないなら完全とは言えないので、したがって神は存在しなければならないという結論になる。この種の議論は宇宙について特定の時代にたまたま知られたいかなる知識とも無関係である。

このような議論は数世紀に及ぶ追求や幾度もの激しい論争を経たにもかかわらず生き残り、挑戦され、訂正を受け、拡充されてきた。これとは違った議論が提案されたが、それは宇宙の観察、経験といった方法によりいっそう密接に結びついていた。宇宙論的証明および目的論的証明に加えて、スウィンバーンは神の存在を支持する観察と経験された現象に基づいて、さらに四つの説を唱えた。それは、意識と道徳性、摂理、歴史と奇跡そして宗教経験の四つから導かれている。

こういった長期間にわたる賛否両論の論争をこのような入門書でたどったり、要約したりすることは不可能だ。これらの論争に共通している点は、人間の理性は真理と真理でないものを見分けることができ、もし理性が議論の導くあらゆるところ（賛否両論がある）までついていき、その議論に説得力があれば、神の存在を信じることが理にかなっているという信仰である。ところで、こういった議論が、神はこの宇宙にある他の事物の中の一つではありえないことを明らかにしたために、神は私たちが見たり、描いたりできるような何か、あるいは誰かであると主張できる議論は一つもなくなった。マナー邸でピクウィック氏にその風貌を観察される見知らぬ人と同じように、どの議論も神を観察したり描いたりすることはできない。それにもかかわらず、この議論にできるのは、いまだに論駁されていない論理的な結論を受け入れ、さらに、宇宙や人間相互についての観察や経験が神の存在を示しているということがよりもっともらしく、それ以外の出来事の説明よりも、いかにもありそうだとして受け入れることが、なぜ理にかなっているのかを示すことである。

観察と推論

神の存在証明の議論は、私たちが宇宙や人間について観察し経験したことに基づいており、観察し経験したことについて、それを最もうまく説明しているものを示し、あるいは暗示している。このような議論は専門的には遡及推論、あるいは仮説的推論 abduction として知られている。この名称はあまりにも疎遠で専門的すぎて一般の人にはそれほど興味はないだろう。しかし、実際には、仮説的推論（アブダクション）は科学ばかりでなく、私たちの日常生活においてもなくてはならないほど重要なものである。

初めに科学の場合を見てみよう。科学は、経験による観察と実験（実際に観察し、繰り返すことができる）に基づいていることをしばしば主張する。それは科学であるかぎりは真実である。しかし科学はそこでさらにその先にまで進まざるをえなくなる。なぜなら、科学者の発するすべての問いには、単に「観察する」だけでは答えることができないからである。しばしば、あることをこれまでに知られたり、観察されてきたことから「仮説的に推論」abductively inferred（ラテン語 ab ＋ ducere〔…から導く〕）しなければならないことがある。そこで仮説推論されてきたものはどんなものでも、それを発見したり、あるいは立証することができるようになった。その古典的な実例としては、火星の不規則な運動の観察経験からその楕円軌道を仮説的に推論したケプラーの例がある。同じような見事な例としては、二〇一二年七月にその存在が発表されたヒッグス粒子 Higgs boson がある。この粒子は五〇年も前に粒子の質量を説明するためにその存在が推論されていたのである。このボソン boson 粒子という名称そのものもまた一つの仮説推論の例である。インドの優れた物理学者S・N・ボース（一八九四―一九七四）の初期の量子力学に関する業績（アインシュタインによって認められた）がボース＝アインシュタイン統計を生み、やがて量子統計力学の基礎となった。このボース＝アインシュタイン統計に従う粒子の一集団がポール・ディラックによってボソンと名づけられた。ボース自身は、超低温において自由なボソンが巨視的な一定の状態、すなわち現在ボース＝アインシュタイン凝縮として知られる状態になることを推測し予言していたが、その仮説推論による存在は七〇年後の一九九五年まで実証されなかったのである。

仮説推論は明らかに科学では欠かせないものであるが、それは日常生活においても同じである。私たちには観察と経験から導いた推論に頼る以外に選択の余地はないのである。例えば、誰かがあなたに対して行なった愛の告白が果たして真実のものか、揺るぎないものなのかを判断するのに、あなたは経験によって仮説推論する以外の方法を知っているだろうか？

当然だが、日常生活や科学で用いる推理は間違うことがありうる。それが仮説推論による議論のリスクである。つまり、この議論では、人々はすでに知られている知識を手にしており、その知識がいかにももたらしそうなこと、あるいは、その先に示している結論について尋ねる。言葉を換えれば、仮説推論とは間違うことがありうる仮説、一つのリスク要因を伴う仮定のもとでのみ存在しうる仮説である。したがって、この議論では、宇宙は常に信頼でき、人々は自分の発言に責任を持てるということに対する信頼と信仰が確約されることが求められる。

このような前提によれば、宇宙についての観察と経験から、神が宇宙の存在の最もありそうな原因である、と仮説推論的に推理することはまったく理性的かつ論理的である。ところで、スウィンバーンが『神の存在』において述べたように、この種の議論には共通に見られる一つの特徴がある。つまり、

この種の議論はすべて、こういった現象は、それを意図的にもたらした一つの原動力の行為によるという前提のもとに描かれており、それを説明するための議論である。例えば、宇宙論的証明は、世界が存在することからそれを意図的に創った一人の人、つまり神を説く。設計から神の存在を説く目的論的証明は、世界の設計から今あるように世界を意図的に創造したとして一人の人、神の存在を説く。他のすべての同様な議論も世界の特定の特徴からする議論で、そういった特定の特徴を意図的に創ったのは神であるという。

しかし、推理された「仮説」は、他の仮説推論によって推理された仮説同様に、最善であっても「起こりうる」にすぎず、議論の余地のないほどに決定的に確実であるとは言えない（すでに見たように「蓋然性」は最早無知の代名詞ではないことを憶えておいて欲しい）。それがスウィンバーンの著書が帰納的議論と蓋然性理論の実際に意味するものから始まり、「蓋然性の均衡」

という章で終わっている理由である。科学の場合のように、他の仮説推論的議論と同様に、この議論も信頼と信仰の確約を要求する。

こういったことすべてを頭に入れて、フリューの質問と挑戦に戻ってみよう。果たしてこういった議論は、そのような確約をし、神を信じるだけの十分な理由を提供できているだろうか？

フリュー自身によれば、その答えはイエスである。無神論という仮定から出発し、彼は無神論に代わって、そこには神が存在するという結論へと導く理性的で論理的な議論があり、同時に他の議論も、神の存在をそうでないよりはいっそうありそうにしていることを知った。その結果、彼は二〇〇七年に『神は存在する――いかにして世界で最も有名な無神論者が心変わりしたか』というタイトルの本を出版した。彼の変心を促したのは論理的で理性的な議論であり、それと同時に神の存在を示す実際の宇宙から導かれた仮説推論的議論であった。彼はその中で次のように述べている。

科学としての科学は神の存在に関する議論を提供することはできない。しかし、私たちが考えてきた三つの証拠、すなわち自然の法則、目的論的組織を持つ生命、宇宙の存在は、それ自身と世界の存在の両方を説明する一人の知性を考慮することでのみ説明が可能となる。そのような神の発見は実験や方程式からではなく、そのベールを剥ぎ、測定した宇宙の構造についての理解から得られるのである。

（同書一五五頁）

ウダヤナやアクィナスの例に見られるような議論は、常に変化している科学的知識とは無関係である。一方、科学における変化は神の存在の蓋然性を強化する（あるいはそれについては減少させる）かもしれない。例えば、宇宙の設計の理法から生まれた議論は、意識ある生命が存在するために、宇宙がいかに見事に「微調整」されているかが認識されたことで強化されてきた。そしてこのような考えが「人間原理」として知られているものを作ったのである。人間原理とは、物理学が発見した自然の法則は、基本的定数として知られるある種の固定した特質と結びついており、それはほんのわずかな変更であっても生命の生存が不可能になるほど厳密であるという考え方である。この宇宙は結局、童話『三匹のクマ』に出てくる、熱すぎず、といって冷たすぎず、ちょうどいい加減のクマの粥のようになっているというわけである。これを簡単に言えば、宇宙の有様から見れば、宇宙は生命の出現のためにあり、その結果、それを考え意図した設計者としての神がいるという推論は非常に強力になるということである。たとえそうだとしても、この推理に挑戦するような他の観察もありうるだろう。論理的議論と推論的議論の二つのタイプの議論ははっきり違っており、互いに依存し合っていないところが肝心な点である。

しかしながら、両議論とも哲学者ウィトゲンシュタイン（一八八九―一九五一）の判断によれば、「神秘なのは、世界がどうあるかではなく、世界があることなのである」。いわゆる自然の法則は世界がどのようにあるかを示す。しかし、宇宙に対しその法則性を強要するのは何だろうか？　また、宇宙を作ったのはどのような一つあるいは複数の力なのだろうか？　哲学者ジョン・フォスターは次のように述べてその立場を明らかにしている。「世界に規則としての調和を与えることで法則を創ったのは――有神論的意味での――神であると結論することが私たちには合理的に保障されている……神の摂理を持ち出すことで調和の説明が非常にうまくいく」(12)。このことは、「何にも存在しないのではなく、なぜ何かが存在するのか？」という質問に答えがあることを意味している。それはある人にとってはばかばかしい質問だろう。宇宙は単にここに存在し、それだけのことなのだから。なぜ、なぜと問うのだろうか？　イギリスの有名な科学者リチャード・ドーキンスは、進化と自然淘汰に関して科学者は「いかに？」とだけ問うべきで、「なぜ？」と問うべきではないと語った(13)。

それはおかしな話だ。科学者は絶えず「いかに」と「なぜ」の両方を問うており、その一人、スティーヴン・ホーキング博士は二〇一二年のパラリンピック大会の開会宣言で次のように述べている。「文明の夜明け以来、人々は絶えず世界の背後にある秩序をわかろうと切望してきた。なぜ世界は今あるようになっているのか、いったいなぜ世界は存在しているのか」。私たちが他のあらゆることを問う場合に、この質問はしてはいけないという理由はまったくない。科学は物事が「いかに」あるかだけでなく、「なぜ」ものがその状態にあるのか、あるいはなぜそれが起こったり、そのように見えたりするのかと絶えず問い続けている。科学あるいは哲学またこの問題については常識においても、なぜ宇宙があるのかとの質問はできない、あるいはしてはならないという理由はない。ブライアン・デービスは次のように述べている。「問題となる事実は、宇宙の存在は謎であるということである。もし私たちがその中のものがなぜそこに存在するのかと問うことができるならば、なぜ宇宙そのものがそこに存在するのかと問うこともできる(14)」。神はその質問への論理的で合理的な、最もありそうな答えである。これを裏返せば、宇宙の存在の原因が何であったとしても、それを私たちは「神」と呼んでいるのである。

フリューはそういった考えや、例えば身体のない全知・全能者を人間は知ることができるかといった、神の超越に関する伝統的な主張についての議論に説得されている。彼はデイヴィッド・コンウェイの、もし自分の判断が正しいとすれば、「神を宇宙とそれが示している秩序の説明とすることを否定するような優れた哲学的議論は存在しない」(15)という主張を引用し、自らの結論としている。

哲学は、こうして、神を信じるだけの十分な理由があると示すことができるが、しかし、当然ながら、すべての人がそれを受け入れるというわけではない。神とは一つの議論に対する結論以上のものであるから、それは驚くようなことではない。いずれにしても、人々が神を信じる理由はこれ以外にもたくさんあり、その中のいくつかは極めて悪い（フロイトは「卑しい」と称した）ものもあると言われている。私たちは、すでに、神についての考えは無知が蔓延していた時代の人類の幼児性によるという見解を学んできた。私たちは今やボンヘッファーが述べたような成人の時代にさしかかっており、若年の無知による間違いを捨て去ることができるのである。

このことは、なぜ人々は神を信じるのかを理解しようとの試みは、なぜ人々は神を信じ始めるのかという議論としばしば絡み合うことを意味している。もしこの二つを絡み合わせないで分けるならば、人々が神を信じる理由に、良いものと卑しいものの両方があることがわかる。

その際にも、私たちがいかにしばしば卑しい出発点から、それを超越した結果に到達するかを記憶に留めておくことは重要である。例えば、人間はセックスにおいて、リビドーの肉体的衝動と自分の思いを遂げようとするエゴの卑しい神経症的動機を伴って互いに接近するのだとフロイトは考えた。しかし、リビドーはそこで共感する他者に出会い、彼または彼女は、その反応の本性において、基本的な欲求、卑しい起点を超越することができるのである。

結局、フロイトは、私たちはリビドーの声だけでなくリーベ、すなわち愛の声も必要としていると認めるようになった。性欲は愛にまで達することが可能なのである。同様に、私たちは卑しい理由（地獄の業火への恐怖のような）から神を信じ始めるかもしれないが、やがて「アクティブ・ミーティングと愛のある抱擁」において、「恐れを追放した完全なる愛」のうちに完全に共感する他者、すなわち神を発見するのである。

したがって、成長する、歳を取るということは、私たちの出発点を破壊し、軽蔑することを意味するのではなく、むしろ洞察によって、その中からそれを超越する性格や真理を作り出すことである。なぜ人々は神を信じるのかという質問は、多くの人がはっきりと想像するような、少なくとも一番最初に人を信仰に導く卑しい理由に押し込めることはできない。そうだとすれば、なぜ人々は神を信じるのだろうか？

第二章　なぜ神を信じるのか？

ボンヘッファーは、教育のある人々はもはや神を信じなくなるだろうと確信した。なぜなら、伝統的に理解されてきた神は、自然の解釈あるいは理解について、もはや何らの実際的な価値を持っていないからである。「無数の条件づけによる死」によってではなく、神はアリスのチェシャの猫の笑いのように消えてしまうのである。

そして、それはそうにちがいない。神を信じることは合理的であり、また、例えば、なぜ宇宙が存在するかについては、神が最もありそうな説明であると主張する人々がいる。しかし、その人たちは、自分たちが自然あるいは「宇宙がいかに動くか」ということについて、実際的な価値のある追加の情報を提供していると考えてはいない。神は、なぜ、何もないのではなく、何かが存在するのか、ということの最もありそうな理由であるという合理的な結論に達することは、宇宙について追加の情報を求めることではない。追加情報を求めるためには、私たちは科学に向かわなければならない。

このことは、「神仮説」は、宇宙の詳細――地球は平らである、ハエは自然に発生するといったボンヘッファーのあげた例に戻れば――についてのまずい教育による無知から生じたのでも、あるいはそれに依存しているのでもないことを意味している。「神仮説」は、ガリレオがはるか昔に行なったように、「世界がどう動いているか」を私たちに語ることはない。ガリレオは、枢機卿カエサル・バロニウスが彼に教えたと主張する「聖霊の意図していることは、いかに天が動くかではなく、いかに天に行くかを私たちに教えることである」との原則を守ったのである。(16)

ボンヘッファーは、神についての考えや、神をいろいろに性格づけることは、不幸な人々に慰めを与えるために使われてきたし、また同時に支配下の人々を統治するために政治家によっても利用されてきたと指摘したが、それは当然ながら正しかった。同じくそのことは、ポリュビオス(前二世紀頃)にとっても、なぜローマ帝国が強大で成功しているのかを説明した。つまり、ローマ帝国は、他から見れば、無知蒙昧な迷信に見えるような壮麗な儀式や祭礼で覆われていたからである。

彼らは、私見によれば、人民のためにこれ（儀式）を行なった。もし、国家が賢い男たちで構成されていたならば、そんなことを行なう必要はなかっただろう。しかし、人民はほとんど、常に不安定で、法律を外れた欲望、非合理な情熱や凶暴な怒りに満ちている。したがって、人民は一般に、隠された恐怖やその種の大仰な見世物によって抑えられなければならない。そのため、私たちの先祖は、神についての考えや同時に地獄の恐怖についての信仰を広めるに際しては、軽はずみにも考えなしにも行なわなかったようだ。しかし、今どきの人間は、それを口にするに当たっても考えなしである。(17)

ちょうど同じ頃、世界の別の場所では中国の法家が、人間は教育によって善良にすることができるという儒家の思想に反対していた。法家は、その代わりに、人間は生まれつき悪へ向かうように出来ているが、一般の信仰では神に相当する天から与えられた刑罰を伴う強力な法によって、適切に治められなければならないと考えた。始皇帝（秦の最初の皇帝。前二五九―二一〇）による初めての中国統一を助けたのはこの法家であった。

ボンヘッファーは、また、過去においては、神は、なぜ、あるいはいかに、いろいろな物事が生起するのかを説明するために考え出された、と指摘した点でも正しかった。神に対する信仰は、言い方を変えれば、何かを説明する際に私たちが無知であるという隙間に生み出された。そして、それはチェシャの猫の笑いのように、その隙間が満たされるやいなや消える「隙間の神」である。

神と宇宙についての理解の変化と信頼性

しかしながら、ボンヘッファーは次のような明白な点を見落としていた。つまり、科学が地球の形状や位置（もはや平らではなく、もはや宇宙の中心でもない）の理解を訂正し、変えたように、それと同じように、実に、私たちも一般的な物事についての理解を訂正し、変えたし、また同じように、神についての理解（もはや白いひげをはやし雲の上の玉座に座ってはいない）も訂正し、変えたのである。

その変化と訂正は避け難いものである。なぜなら、すでに見てきたように、神は直接の観察、描写にさらされている宇宙内の物体の一つではないからだ。たとえ、アクィナスが唱えたように、神が存在すると論理的、合理的に論証することが可能だとしても、神についての信仰が込められた言葉や絵画は、信者や崇拝に大いに役立ってはいるものの、それは常に不十分で

（祈っている人自身が最善ではなく、次善であるとわかっている）、必然的に訂正と変化にさらされているることは依然として真実である。

この結果、ボンヘッファーの言葉を借りれば、誰もが認めるような「神仮説」は一つもないということである。さまざまな宗教には、神についての多くの仮説とその性格描写が存在する。その中には、例えば、『聖書』、『コーラン』あるいは『ヴェーダ』などのように、神の啓示により信じられたことに基づいたものさえある。しかし、私たちはやがて知るように、イスラム教徒に対する『コーラン』における神の性格描写は、インドの『ヴェーダ』のそれとは著しく違っている。

その違いは、たとえ信者には啓示の言葉は文字通り「神の言葉」として受け入れられているが、現実の言葉は、特定の時代、特定の言語で表現されているために生じたのである。神そのものとは違い、言葉というものは、どのような時代にあっても発言され、書かれることに影響を与える偶然かつ変化する環境に組み込まれている。その結果、承認された啓示は「神仮説」をまったく含んでおらず、むしろ、神について信じられることについての変化や多様性を含んでいるのである。

したがって、一つの例をあげれば、インドでは、至高かつ究極の実在はブラフマンである。

このブラフマンがどういうものであるかについて、何か描くことができるだろうか？　聖典の一部とされる「ウパニシャッド」では、あるテクストには、ブラフマンは完全に超越した存在だから、それを描くことはできないとあり、しかし、別のテクストにはブラフマンが生き生きと描かれている。哲学者チャリは、「信仰の問題ではシュルティと呼ばれるテクストが最後の権威であるその矛盾をどう克服するか？」と述べている。[18]「シュルティ」が矛盾を解き明かすと主張していると解釈する学者もいる。しかし、一方この矛盾を認め、ブラフマンを描いた初期のテクストは後代の変革の際に取って代わられたと解釈する学者もいる。

同じようなことが『コーラン』でさえも起きている。『コーラン』は、短期間（二〇年ほど）の間に始祖ムハンマドに与えられ、あるいは啓示された神の言葉であり、訂正や変更の機会も、ましてそうする理由もないとイスラム教徒は信じている。それにもかかわらず、彼ら自身も、『コーラン』の初期の啓示はムハンマドの環境や人生経験の変化によって後代の啓示に差し替えられたことを認めている。

もちろん、多くの人々が、啓示の言葉はそれが実際に神であるという完全な確実性を伴って神を表わしているると主張しており、啓示と信じられているものを納めた巻物あるいはテクストは、しばしば最高の敬意をもって取り扱われる。これらのテクストは、極端に異なる偶然の環境における、異なる人々、異なる言語による神の「結果」を表現していることは明白な真実だ。そして同様に、これらの啓示の言葉は、多くの人々の人生に計り知れない権威を伴って神を仲介し続けていることも事実である。しかし、このような相違には偶然性の限界（そして機会）が残ることを意味している。

そこで、啓示は解釈されるべきだということになり、そして対立する解釈は、神の本性や性格について信じられていることを、変更、不一致、さらには紛争にまで導くことができる。宗教はこの解釈されたものをどう引き受けるべきかということに関して、極めて異なる理解の仕方をする。それにもかかわらず、実際には、啓示の言葉は解釈されなければならず、そして、その結果、神に対する性格描写と信仰が変化し、単にいろいろな宗教の間ばかりでなく、同じ一つの宗教の中でも変化し違ってしまっている。

それゆえに、啓示に関してさえ、神について使われた言葉や絵画は、常に、また必然的に暫定的で、不十分であり、したがって訂正と変更の余地を残している。しかし、それでも、私たちが神について使う言葉よりははるかに真実ではある。このことは科学においても、たとえ宇宙を神についてはできないような方法で観察できたとしても、また当てはまる。科学の方程式、宇宙を支配する基本的な数学的法則は物理学の法則を描き出している。しかし、そこに描かれた観察や推理は、文句のつけようがないくらいに決定的だとは言えず、そして、最終的に完全に、「宇宙とは何か」を語ることのできる科学者は一人もいない。

しかし、科学の説くことは大きな信頼をもって正しく進められ、この科学の主張は「絶対的に真実かつ完全に確実」であるとしばしば当然のこととして受け入れられている。しかしながら、実は、そこには近似的、暫定的、修正可能で、さらに後代の視点で見たら間違ってさえいることがたくさんある。そのことが、一九六五年にノーベル物理学賞を受けたリチャード・ファインマンが物理学の入門講座を始めるにあたり、ニュートンが以前に行なったように、なぜ科学には「拡大する無知のフロンティアがある」と強調したのかを説明している。

全自然のそれぞれの断片あるいは部分は、完全な真理あるいは私たちの知るかぎりでの完全な真理についての、常に単に「近いもの」にすぎない。事実、私たちが知るあらゆるものは、単にある種の近似物にすぎないのだ。なぜなら、私たちは未だすべての法則を知ってはいないことを認識しているからである。したがって、物事はただ再び忘れるためにか、あるいは、それどころか訂正するために学ばれなければならない。(19)

確かに、科学の主張は訂正可能で不完全であり、後代の視点からは間違いでさえありうる。しかし、それでも極めて正確で信頼できる。なぜなら、いわばあるもの（宇宙）に対して間違っているからである。つまり、私たちは宇宙について訂正可能なようにしか語れないにもかかわらず、宇宙は一貫してそれがあるようにあるからだ。

神の説明についてもこれと同じことが言える。いまだに誰一人として「神とはこのようなものである」と語ることができないのだ。神についての説明はたとえ啓示と信じられているものから得られたものであったとしても、近似であり、訂正可能でさらに不完全である。しかし、それにもかかわらず信じることができる。なぜならその説明は、神との接触ができる人物に関して、やがて判明するように間違っているからである。したがって、人々は神について何かを語ろうとする場合には、極めて近似的で訂正可能な言葉や画像を用いざるをえない。交通標識は目的地と同じではないということを憶えておくことが肝要である。問題は言葉がいかに不適切であっても、それが正しく真実なるものへの道程を指し示しているかどうかであり、同様な考え方は科学の言葉と仮説についてもそっくりそのまま使うことができる。

神についての言明と宇宙についてのそれの間には、明らかに一つの大きな差がある。なぜなら、神は宇宙の一対象物ではなく、したがって、科学的方法での検査ができないからだ。そこで、ただちに次のような質問が生じる。いったいどのような方法で神との相互作用が可能なのか？　神について何かを語ろうとした画像や言葉が幾度となく変更を余儀なくされたにもかかわらず、人間はどうして自分らの信仰を信じるに足ると思うようになったのか？　どうして神の信仰は、互いに大きく隔たっているにもかかわらず、これほどまでに広がり、ほとんどの人間の歴史において普遍的になったのだろうか？　いったいなぜ、人々は神を信じるのだろうか？

このような問いかけに対し、多くの異なる回答が出されてきた。その中には、社会学、人類学や心理学といったような行動科学からのものもある。また、神の信仰が歴史、政治や経済において果たした役割から出されたものもある。さらに美学からのもの、神の信仰が人間の想像力やインスピレーションに与えた影響からの答えもある。

こういったさまざまな答えをこの入門書で手短に述べることはできないが、その中のいくつかはすでに本書で言及している。そのうちの二つは、神への信仰がなぜ「怠け者の隠れ家の中で」生き延びるかの理由を述べたボンヘッファーのリストにあげられている。彼の考えでは、一つ目は、マルクスの考えであり、神の信仰は労働者の搾取を維持するための資本家の手中にある強力な武器である、というもの。二つ目は、フロイトの説であり、神の信仰は、精神病理的な無能者や怠け者だけが、真実に直面することができず、現実の惨めさの代償を来世に求めようとして信じる幻想である、というものである。

このような説明は機能的な説明の例であって、つまり、そこでは神の信仰が果たす役割が観察され、いかにして、なぜこのような信仰が発生したかを結論づけている。また、他の説明はさらに構造的であり、例えば人間の身体と脳の構造、およびそれが人間に経験と感覚を可能にしていることに焦点を絞っている。怒り、恐怖あるいは欲望のような情動の力は、しばしば極端に強力なことがあり、そのため、あたかも何か外部の人的なあるものにその責任があるように感じることがあるという初期の説もある。

神経科学と経験

近年、脳研究の急速な発展について多くのさまざまな解説が行なわれているが、それは、神を経験したという主張や宗教的経験一般にとって重要な意味を与えている。例えば、二〇世紀における、脳の二つの半球の間の機能と相互作用についての探求は、ジュリアン・ジェインズの説のようなものを導き出した。彼は、「二分心の中の意識の起源」はもう一方の半球からの情報を受け、それを「神の声」と解釈していると主張した。[20]もう一つの初期の例では、脳の研究が発生学と結びつき、「生物発生的構造主義」biogenetic structuralism として知られるものを生み出した。この科学は、私たちが人間特有の行動ができるように、遺伝子やタンパク質が脳や身体の構造をどのようにプログラムし、作り上げているのかを探求した。例えば、遺伝子とタンパク質は、呼吸する、言葉をしゃべる、セックスする、食物を見つける、食べるなどといった能力を私たちに与えている。しかし、それは、細かに私たちが言ったり、食べたり、あるいは厳密に性的にどう振る舞うかなどを決定するのではなく、このような基本的な側面において人間らしくあるように用意するのである。また、遺伝子とタンパク質は、私たちに対し神の認識への準備をも行なう。「汝の神に出会う準備をせよ」との警告は、「準備された汝の神との出会い」の観察に変えられている。

「なぜ神はいなくならないか」というテーマを総括した本では、結論として次のように述べられている。「霊的超越の神経生物学的基礎は」、人々を物的存在の限界をはるかに超えた完璧に実在しかつ絶対的なものとの合一感へと導く。

私たちの脳がいまのやり方をしているかぎり、また、心がこのより深い実在を感じることができるかぎり、宗教精神は人間の経験を形成し続けるだろうし、そして、神は、私たちがその偉大で神秘的なところをどう定義するにせよ、いなくならないだろう[21]。

したがって、私たちの脳は忘れることのできない類の経験をするように準備されている。しかし、それはどんな経験だろうか。このことに関しては、デビッド・ヘイの著書の中で有用な解説と論評が行なわれている。それによれば、「霊的な覚醒は、私たちの宗教的な信仰がどうであれ、あるいは信仰を欠いていたとしても、私たちの生物学の不可欠な部分である[22]」。ある一つの頂点において、人間の情動は多くの人々を神の実在への情熱的参入へと導く。スピノザは詩人ノバーリスから「神に酔える人」と呼ばれたが、スピノザはそのような多くの人々のなかの一人にすぎない。もう一つの頂点に、絶対的合一（AUB-Absolute Unitary Being）という経験がある。これはよくある驚くべき経験であり、そこでは自己の自我と宇宙の間の違いが消滅する。時間の経過する感覚がなくなり、残るすべてのものが完全で、時間が消え、意識が一つになり、……しばしば至福の状態として描かれるようになる。このような経験をした人の多くは「神に会った」と感じたとしても不思議ではない。

当然のことだが、このような経験を同様に確実で、忘れ難いものであると認めはするが、それは神体験だったとは結論づけない他の人々もいる。バートランド・ラッセルは、かつて、「ある種の神秘的なイルミネーション」を経験したことがあり、その結果、「すっかりこれまでとは違う人になった」が、それでも彼は『なぜ私はキリスト教徒ではないか』を執筆した。(23) ケネス・クラークは、「神の指先に触れた」と確信させるような類の天国的至福に照射されたことがあったが、しかし、その経験から立ち去った。なぜなら、彼はそうでなければ、自分の人生を作り直さなければならないことを知っていたからである。(24) これまで見てきたように、経験に基づいた神についてのさまざまな主張は、私たちが経験したことから仮説的に導かれた推論である。したがって、そこから神の推論を導こうとする人やそれを拒否する人がいるのは事実である。

しかしながら、神体験は、それを経験する人々に時たま起こる素晴らしい結果を無効にはしない。人間が世界を経験する多くの方法、人間の相互関係および自身の個人的生活が次のような信仰を生み出してきた。すなわち、このような経験を実現させるのは神であり、神は、彼らを支え、彼らの内部でまた彼らを通して働き、あるときには、彼らに接触することもある。

この世界のドラマ、美しさ、神秘的なよそよそしさは強い畏怖、驚き、および恐れといった感情を生み出すことができる。ルドルフ・オットー(一八六九―一九三七)はこの感情を「ヌミノーゼ Numinose（ラテン語で神威を意味する）」と呼んだ。「この聖なる観念」（彼の著書『聖なるもの』〔一九一七〕による）は、人間が世界を自分自身とはまったく異なる誘惑的あるいは魅惑的にしてまた不気味なものとして経験する際の基本的、根源的方法を生み出す。オットーの言葉を借りれば、それは、戦慄すべき神秘 mysterium tremendum にして魅惑的かつ崇高なものであり、理性的な分析を超越した畏怖と魅惑を生み出すような経験である。これを神に当てはめるとすれば、「それは特別な神体験であり、同時に必然的に超越的で、遠く離れており、しかも、ここが美と愛の根源的な源であるという認識をかきたてるものである」とヘップバーンは語っている(25)。

このような神体験はどれも普通ではないようなものは一つもない。そして、そのような体験は、人類の歴史を通じほとんど大部分の人々の神を感じつつ生きる生き方を強化してきた。すなわち、どう理解され、あるいはどう性格づけられていたとしても、神が少なくとも信仰の背景となる仮説あるいは「組み込まれた信仰」であるような生き方である。そこで、神は、多くの方法で活動するものとして、また、祈り、崇拝や祭礼などにより、人々が多くの異なる方法で交わることができるものとして経験される。表現を変えれば、人々は、神と極めて身近に生きている。『コーラン』には次のように述べられている。「本当にわれわれは人間を創った。そしてその魂が囁くことも知っている。われは（人間の）頚動脈よりも人間に近いのである」（五〇章一六節）。神はずいぶんいろいろに考えられ、あるいは理解されているにもかかわらず、人々は神のゆえに、神の面前で暮らしているのである。

神が観察や描写のできる対象の一つでないことを考えれば、このように大きな多様性があることは驚くようなことではない。哲学者と神学者が、もし神が存在するなら、神とは永遠かつ不変でなければならないとしたのは正しい。しかし、この考えは、人類の歴史において神に関する言葉、信仰や考えが絶えず挑戦を受け、変えられたという事実を変えはしない。

宗教のこのような変化は避けることのできない必要なものである。なぜなら、宗教は、それ自身が絶えず変化している世界、つまり、実践と信仰に新しい表現を与える挑戦と機会を提供している世界の中にあるからだ。キリスト教神学者、哲学者のジョン・H・ニューマン（一八〇一―九〇）はこの点について次のように強調した。信仰は、彼の言う「人間生活の多忙な場面」でそれに携わることにより、さらに変化のやむことのない「不思議な領域に入り込む」ことにより発展する。さらに、「信仰というものは同じであるために変化する。より高次の世界ではそうではないが、しかし、ここの低次の世界では、生きるということは変わるということであり、完全であるためにはしばしば変わらざるをえないのである」[26]。

しかし、求められた変化あるいは実際の変化のすべてがより良いものであるとか、自動的に発展になることにはならないことは明白である。それは明らかに誤りである。しかし、不変であることが常に必要あるいは望ましいと結論することも同様に誤りである。当然、ときには、例えば、安定した状況にある小規模な宗教においては、変化は必要ではないかもしれない。しかし、ニューマンの言う「人間生活の多忙な場面」においては、変化は真理のために必要であると主張したことは正しかった。

だが、すべての信者たちがこのことを受け入れているわけでは決してない。事実、多くの人々は、「人間生活の多忙な場面」であるこの世界は、宗教に対して決して予定表を設定してはならないと主張する。しかし、実際には、世界は常にそして正しく、宗教のためだけでなく神のためにさえも予定表を設定している。もしそうでないなら、例えば、神は特別の場合や必要な特殊な環境にある人々を訪れたり、救ったりするために、人の姿で現われたり、あるいは真実の言葉を啓示したりはしないだろう。

しかしながら、あらゆる宗教において、過去、それはしばしば信仰が純粋かつ堕落していなかったと称される黄金時代（例えば、キリスト教の十二使徒あるいは最初の四カリフのラシド時代）への憧れ、ノスタルジーが発生する。前へ向かっての道は、黄金の過去へ戻る道であるべきだとされてきた。人々は、ユングが見たように、そのようなやり方でうまく生きることができる、しかし、その結果、人間社会に分裂を増やしているのである。

紀元前七〇〇〇年の昔の人々がやったのと同じように、自分らの問題をうまく解決できている人々は、心理的には紀元前五〇〇〇年に生きているようなものである。ヨーロッパには無数の野蛮人や古代人……多数の中世のキリスト教徒が住んでいた。他方には、私たちの時代にも通じる意識レベルに達した比較的少数の人々もいた。(27)

宗教にも科学と同じように、過去から守るべきものがたくさんあるが、同時に、絶えず変更し訂正すべきものもまた同じようにたくさんある。もし、変化に抵抗が生じた場合には、結果としてドーキンスが『神は妄想である』で神を攻撃するために描いた——その攻撃には多くの信者が共感するような——神の性格づけにもなりうる。歴史を通して、多くの神の性格づけと神理解が疑われ、訂正され、一方では、同時に他の多くの見方が保障され、確認されてきた。その両方のプロセスは共に人間の神理解を創出し、変換することでは決定的であった。

そのプロセスにおける緊張関係は紛争と宗教戦争さえ引き起こしたが、人々はまた、学び、同化し、分かち合ってきた。例えば、アクィナスは、アリストテレス哲学とキリスト教の伝統を結合し、トミズムと称されるものを作り出した。インドでは、ウダヤナがニャーヤ学派とヴァイシェーシカ学派を融合し、新論理学派のニャーヤ・ヴァイシェーシカ学派への道を開いた。

この本のような短い紹介では「神の歴史」の全貌を要約することはできないが、よく知られた宗教伝承から実例を取り上げることで、実際に起こっている変化や維持のプロセスをうかがうことができるようになる。ある貴重な瞬間だけから選ばれた実例からでさえ、それは明らかにできる。次章では、聖書期におけるユダヤ教とその創設から始めて、そこではユダヤ教特有の神解釈がどのように確立され、さらにそのような初期の神の性格づけが、聖書期自体の内部でどのようにすでに変化と発展を開始していたかについて示したい。このような創設の上に、最も目につくようなことだけに言及するとすれば、ラビ、カバラ、マイモニデス、ハシディズム、さらに典礼や祭祀の、さらなる目もくらむような発展が行なわれた。しかし、こういったことは、もし、私たちがユダヤ教の土台が何であるかを知らなければどれも理解できない。「初めに神があった……」ユダヤ教の『聖書』はこう述べている。そして私たちは、今まさにこの出発点に向かっているのである。

第三章　アブラハムの宗教

――ユダヤ教の神理解――

　これまでのところで、なぜ私たちが神について用いる言葉や性格づけは暫定的で、修正可能な（修正の余地がある）ものでなければならないか、ということがわかりかけてきた。そしてまた、諸科学がそれぞれのテーマに関して使う言葉や描くことについても、これと同じことが言えることがわかった。科学は多大な信頼性を獲得し保持しているが、しかし常に変化と修正の余地を持っている。同様に、神についての概念や信仰も独特な種類の信頼性を獲得し保持してきたが、しかし一方で、同時に、常に特定の仕方で変えられ、修正される必要がある。神の場合、修正と変化の過程は科学の場合とはまったく異なってはいるが、しかしそれにもかかわらず現実に起こっており、それもしばしば、穏やかな論争ではなく、例えばヨーロッパでの西洋キリスト教の宗教改革におけるような激しい争いと衝突のようなものである。

　維持と変化の過程は、今日、ユダヤ教、キリスト教、イスラム教として知られる三つの宗教が誕生したおよそ三〇〇〇年の間を通して、特にはっきりと見ることができる。この宗教は「アブラハムの宗教」として知られるが、それは三つともアブラハムAbraham（イスラム教ではイブラーヒーム）を共通の祖と認めることによって、互いにつながり合っているからである（「創世記」一二章一節、「ガラテヤの信徒への手紙」三章七節、『コーラン』二章一三〇―六節）。これらの宗教は、それぞれ神についての既存の性格づけを根本的に変化させたが、しかしまた、その前にあったものを保存し続けてもいる。

挑戦と変化の過程は、ユダヤ教の神理解にいたった過程の（歴史的な意味での）まさに最初の時期にさえ起こっている。その理解は、およそ一五〇〇年の期間にわたって書かれたさまざまな種類からなる多くの作品の集成であるユダヤ教の『聖書』Bible（ギリシア語でbiblia〔本〕）を構成する諸文書に由来している。ユダヤ教の『聖書』はユダヤ人たちによって「ミクラー（読むこと、または朗誦）」、「ハ・セファリーム（本）」として、あるいは、三つの構成部分からなる頭字語によって、「タナハ（トーラー〔冒頭の五書〕）、「ネビイーム〔預言者〕」、そして「ケトゥビーム〔諸書〕）」として知られている。「トーラー」はしばしばユダヤ教聖典の全体についても用いられる。

全体として「タナハ」は、いかにして一群の遊牧の牧畜者たち（「申命記」二六章五節）が、神が彼らをこの世界における特別な仕事と責任へと招いたと信じるようになったかについて物語っている。しかしそれは、トゥキディデスのようなギリシアの歴史家がそうしたであろうように物語るのではなく、この物語の作者は神であって、世界、歴史上の出来事、そして物語の言葉そのものさえもが、究極的には神から来るのだという意識で語られる。人々が神が望む「命の道」(「詩編」一六章一一節)において生き、語り、そして書くように、神が主導権をもって促しているという意識は、結果的に、個々の言葉が「タナハ」として知られる集成にまとめられることへと導いた。「タナハ」の言葉が権威を持っているのは、それが創造におけるすべてのものの作り主としての神から来ると信じられているからである。

カナン人たちと約束の地

ユダヤ人として最終的に知られることになった民が、彼らの神理解に到達した過程は、長いものであった。それは少なからず既存の信仰の変化と修正を伴った。劇的な瞬間が訪れたのは、『聖書』の物語によれば、アブラハムが神から、彼が大いなる国民の創始者となれるように、メソポタミアの故郷から神が彼に与えることを約束した新しい土地に「立ち上がって行け」（「創世記」一二章一節）と言われたときであった。しかし、その約束の地には、今日まで続く争いの種子が埋まっている。と言うのは、それは誰の土地であったか、そして現在は誰の土地であるのか？　アブラハムの時代には、「約束の地」にはすでにカナン人とアモリ人を含むいくつかの異なる民族が居住していた。カナン人は主に地中海東岸に住んでいたが（アモリ人と同様、彼らの名前は「日の沈むところに住む者たち」を意味するかもしれない）、しかし彼らはまた、現在のパレスチナとイスラエルに当たる地域まで内陸に移動した。カナン人は優れた技能を持ち、創造的な民族であった。私たちに大いなる恩恵をもたらしたのは、彼らはメソポタミアの扱いづらい楔形文字やエジプトの象形文字よりもずっと単純な書記法を創造さえしたことである。すなわち、彼らはアルファベット（原カナン文字）を発明したのである。もはや口頭での伝達に頼ることなく、その発明は、「タナハ」に収められることとなった言葉を書き留めることを可能にした。その「タナハ」の中に皮肉なことに、アブラハムの子孫たちは、カナン人を滅ぼすようにという彼らへの神の命令を記録したのであった。

問題は、カナン人たちが、アブラハムと彼の子孫たちに約束されたと今や信じられている土地に住んでいることであった。アブラハムの子孫たちはもともと、ベネ・ヤコブ（ヤコブ〔アブラハムの孫〕の子ら）または（ヤコブの別名から）ベネ・イスラエル、つまりはユダヤ人の先駆けであるイスラエル人として知られた家族関係のある集団または部族であった。彼らは、カナン人らを含む住人たちを完全に滅ぼした場合にのみ、約束の地を所有することができると神から言われた。

あなたの神、主が嗣業として与えられる諸国の民に属する町々で息のある者は、一人も生かしておいてはならない。ヘト人、アモリ人、カナン人、ペリジ人、ヒビ人、エブス人は、あなたの神、主が命じられたように必ず滅ぼし尽くさねばならない。それは、彼らがその神々に行なってきた、あらゆるいとうべき行為をあなたたちに教えてそれを行わせ、あなたたちがあなたたちの神、主に罪を犯すことのないためである。

(「申命記」二〇章一六―一八節)

これは神の理解と性格づけが、いかに根本的に変わりうるものであるかを劇的に描いている。イスラエルの民は、ただカナン人および他の民族を追い出すだけでなく、また、カナン人の神についての信仰、すなわち「カナン人が自分らの神々のためになすいとうべき行為」をも拒否するようにと命じられているのである。それにもかかわらず、イスラエルの民はカナン人の神の名のみならず、その信仰のいくつかを取り込んだ。カナン人は、彼のために世界をつかさどる代行者たち（エロヒム〔神々〕）を任命するエル El として知られる最高神を信じていた。そして、エロヒムは、管理者であるバアリム（主または所有者）を任命する。バアリムは、祭儀と供犠によって彼らに相応に配慮する者たちのために土地の面倒を見て、その肥沃さを確実にする。

これらはイスラエルの民が礼拝を避けるようにと言われた神々であるが、しかし、彼らのうちの多くは、積極的に避けようとはしなかった。「約束の地」（すなわち、カナン人の領土）を引き継ぎ始めたとき、彼らは実際のところ、多くのカナン人の信仰と文化を取り入れており、なかでも「タナハ」を可能にした書記法の体系の採用は少なからぬ重要性を持っている。全体として、彼らのうちの多くは、繁栄と多産、そして土地の所有者であるバアリムから提供される他のどんなものをも喜んで求めた。そして彼らは同様に、エル（単数形でバアル Baal とも呼ばれる）を、混沌を征服することによって秩序ある世界を創造した最高神として喜んで認めたのであった。こういった初期の創造物語の痕跡は、今もユダヤ教聖典に見出すことができる（「詩編」七四章一二―七節、八九章九―一三節）。

イスラエルの民のカナン人および彼らの神々との安易な関係は、「出エジプト記」として知られるエジプトからの大脱出の結果、完全に変わった。血縁集団の親族からなる「ベネ・ヤコブ」は、飢饉の期間のあいだ、食糧を求めてエジプトに移動したが、彼らはそこで奴隷として従属させられた。やがて、彼らは、神からこのことをなすようにと命じられ、またその能力を与えられたと信じたモーセの統率のもとに、エジプトから脱出した。しかしその神は、彼らがそれまで知らなかった名と性格を持った神であった。

その神の名は何だろうか？　それはＹＨＷＨ（ヤハウェ）である。これでは当惑させるかもしれないが、しかしヘブライ語の単語は母音を含まずに書かれるため、私たちはそれがどう発音されたかわからない。ただ、慣習として、現在それはヤハウェと発音されるが、しかしそれは推測である。ユダヤ人は、ちょうど神が聖なるもの（腐敗させ汚染するあらゆるものとまったく異なり、遠く隔たっている）であるように、この名もまた聖なるものであると信じている。実際、この名は非常に神聖なものであるため、多くのユダヤ人はそれを発音しようとはせず、その代わりにハシェム（御名）と言うほうを好む。ヘブライ語『聖書』では、彼らはＹＨＷＨの四文字に、「わが主」を意味するアドナイから取られた母音を当てはめる。そのことは、なぜ多くの英訳『聖書』にＹＨＷＨが「主」として現われるかを説明するし、また、どのようにして最初期の英訳『聖書』が、アドナイから取られた母音とともにＹＨＷＨを読もうとして、エホヴァというありえないような名にたどり着いたのかということも説明している。

冒頭の語から「シェモット」、あるいは英語では「エクソドス」と呼ばれる『聖書』の中の文書（「出エジプト記」）は、ヤハウェの導きのもとに（日中は雲の柱、夜には火の柱）、いかにモーセが民を荒れ野で導き、ヤハウェから教えと律法（十戒を含む）を受けたかを物語っている。その教えと律法は、もし神に守り助け続けてもらうためには、民が遵守すべきものであった。これが「トーラー」の成り立ちである。

エジプトから脱出した者たちが約束の地に帰り着いたとき、彼らは連合を形成したが、それは、「ヤハウェはイスラエルのエルである」（「ヨシュア記」二四章二節）との認識に基づく、新しい契約つまり神とイスラエル人の間の契約において、確かなものとされた。「ヨシュア記」によれば、契約は、彼らと祖先たちが仕えた神々を含む、すべての他の神々の完全な拒否と、ヤハウェへの完全な献身を要求した。

あなたたちはだから、主（ヤハウェ）を畏れ、真心を込め真実をもって彼に仕え、あなたたちの先祖が川の向こう側やエジプトで仕えていた神々を除き去って、主に仕えなさい。もし主に仕えたくないと言うならば、川の向こう側にいたあなたたちの先祖が仕えていた神々でも、あるいは今、あなたたちが住んでいる土地のアモリ人の神々でも、仕えたいと思うものを、今日、自分で選びなさい。ただし、わたしとわたしの家は主に仕えます。

（「ヨシュア記」二四章一四―五節）

ここで、さまざまな神の描写の間の軋轢が不可避なものとなる。エルとはどういう神であり、何をなすのかについてカナン人が信じていたことを、ヤハウェが引き継ぎ、最終的にエルがすっかりヤハウェ（主）の別名となるまでを語るように「タナハ」は作られている。バアリムについては、神としての正当性を問われ、なすことになっている事柄を実行できない偽りの神々として蔑まれている。

その挑戦は、特にヤハウェの預言者たちによって主導された。彼らは、王にも平民にも同様に神の言葉を語るべく、神によって息を吹き込まれ、あるいは、突き動かされたと感じた人々であった。裁き、励まし、そして出来事の解釈についての彼らのメッセージは、しばしば、「主（ヤハウェ）はこう言われる」で始まる。その一人であるエレミヤ（六世紀）にとって、この息を受けることの切迫性は、抵抗することができない、自分の骨の中で燃える火のように感じられた（「エレミヤ書」二〇章九節）。

預言による挑戦の直接さは、ヤハウェが唯一の真実の神であると民にわからせるためにバアルの預言者たちと争った、預言者エリヤについて語られた劇的な物語の中に見ることができる。エリヤと四五〇人のバアルの預言者たちは、ヤハウェかバアルか、二者のうちのいずれが火をもたらして献げ物を焼き尽くすかを見るために、一頭の雄牛のいけにえを準備する。バアルはそれに失敗するが、そこでエリヤは、ヤハウェのみが真の神であることを示すために、「アブラハム、イサク、そしてイスラエルのエロヒムであるヤハウェ」に祈る。

するとと、主（ヤハウェ）の火が降って、焼き尽くす献げ物と薪、……なめ尽くした。……民はひれ伏し、「主こそ神（エロヒム）です、主こそ神です」と言った。エリヤは、「バアルの預言者どもを捕らえよ。一人も逃がしてはならない」と民に命じた。民が彼らを捕らえると、エリヤは彼らをキション川に連れて行って殺した。

（「列王記上」一八章三八―四〇節）

ダビデ　神殿　メシア

神の描写における、それほど劇的ではないが、同様に重要で長期にわたる変化が起こったのは、紀元前一一五〇年から一〇〇〇年頃に、地中海沿岸に定住していたペリシテ人（ギリシアから来た海賊）が内陸へと移動しはじめた時であった。その脅威に立ち向かうため、ダビデは、それまでほとんど独立して暮らしていた血縁集団のベネ・ヤコブを呼び集めて、一つにまとめようとした。彼はエブス人からエルサレムを奪い取り、新しい連合のための中立的な首都とした。また、人々をまとめてヤハウェの礼拝に引き入れるために中心となる神殿を持つという考え方をエブス人から取り入れた。彼はエルサレムに、荒れ野における放浪の間に神が現に存在していることを示す中心的象徴であった契約の柩を持ち込んだが、しかし第一神殿を建てることは彼の息子であるソロモンに任された。また、第二神殿はバビロン捕囚の後に建てられた。

これは神の理解における根本的な変化であり、それは伝統保守派の間で怒りの抵抗に出くわした。保守派は、ヤハウェは決して家に住まなかったし、家を必要としなかった、そして彼らとともに移動して回ることによって、荒れ野において民の世話を完全にうまく行なっていたと主張した。こういった反対にもかかわらず、神殿は建築された。そこで祭司たちは賛美と悔い改めの祭儀と供犠を行ない、預言者たちは彼らの時代に神の幻を見た。「ウジヤ王が死んだ年（前七三八年頃）のことである。私は、高く天にある御座に主が座しておられるのを見た。衣の裾は神殿いっぱいに広がっていた」（「イザヤ書」六章一節）。

神殿は、ユダヤ人にとって、地上で最も神聖な場所となった。その中心にあったのは至聖所であり、大祭司だけが入ることを許される、窓のない小さな空っぽの部屋であった。そして大祭司でさえも、入ることができたのは、贖罪日、ヨム・キプール、すなわち罪が許されて人々がもう一度神と一つにされる日のみであった。「彼は、イスラエルの人々のすべての罪による汚れと背きのゆえに……贖いの儀式を行なう」（「レビ記」一六章一六節）。

ダビデは、同様に長期にわたり結果をもたらす別の変化を導入した。彼は、再びエブス人から、王が神と民の間をつなぐ橋渡しとなるという考え方を取り入れた。荘厳に頭に油を注がれて、王は、それを通して神の祝福が民へと流れていく導管となった。「油注がれた者」はヘブライ語でハマシアハ hamashiach であり、それは英語ではメシア the messiah となった。したがって、メシアたち（王と大祭司）は特別に任命された地上における神の代理人であるという信仰が始まった。ほとんどの実際の王たち（実際のメシアたち）が失敗したときも、油を注がれた者に注ぎ込まれた希望は捨てられることはなかった。その希望は、ある日、神は地上に神の支配（あるいは王国）を確立するために一人のメシアを送るという信仰のうちに、未来へと引き継がれた。こうして神殿の建物とメシアへの信仰は、神と、神の民に対する関係についての理解を完全に変えた。

苦しみと死

『聖書』の歴史が進む間に、多くの他の変化や修正がなされた。例えば、「タナハ」の中には、死後に価値のあるあの世の生があるだろうというような信仰はほとんどない。確かに、墓の暗闇である冥土（シェオル）にいる死者の記憶はあるかもしれないが、間違いなく期待するものは何もないし、この世の苦痛と不平等を埋め合わせするようなものは絶対にない。これはフロイトや他の多くの学者たちが宗教的信仰の起源について想定したこととはまったく逆である。このことが意味するのは、神がイスラエルの面倒を見るやり方（例えば、母親が子供を慰めるように、「イザヤ書」六六章一三節）を称える「タナハ」のすべての驚くべき言葉は、この忠実な世話は死後も続くだろうという信仰がまったくないのに生まれた、ということである。『聖書』

の時代のまさに終わり頃になって初めて、イスラエルの民は、この世での神の忠実さは死後に続くかもしれないと悟り始めた。

　同様に劇的だったのは、苦しみについての信仰の緩やかな変化である。もし人々が苦しんでいるとすれば、それは彼らが間違いを起こし（すなわち罪を犯し）、神に罰せられているからにちがいないと、もともとは信じられ、それは「タナハ」に広く現われている。ところが、ヨブのように罪なき者が、（より古い理解を拒絶する「ヨブ記」の中で）大いに苦しむのに対して、悪事を働く者たちはしばしば「野の草のように茂り」「野生の木のように勢いよくはびこる」（「詩編」九二章八節、三七章三五節）ために、「苦しみを見るところには罪を見る」という古い見解は否定され、置き換えられた。こうして、紀元前六世紀にバビロニア人がエルサレムを破壊してその住民を捕虜としたとき（バビロン捕囚）、民の苦しみは「イザヤ書」五三章において、他の者たちの罪のために罰せられる忠実な苦難の僕（イスラエル）の苦しみとして解釈された。そしてそれは、後代にキリスト教徒たちによって、キリストの磔刑に当てはめられ苦しみと死として理解された。

「タナハ」で目につくのは、初期の神の性格づけが保存されていることである。それは、切り取られたり、消去されたりしておらず、両親が自分の子供が文字や絵を描こうとした最初の作品を取っておくのに似ている。それは子供っぽく未熟ではあるが、しかし非常に貴重である。神は「在るところの者」（「私は在るところの者である」がＹＨＷＨの名の一つの可能な意味である）であり、一つの時代から別の時代まで一貫して恒久的に同じである。変化し成長しなければならないのは、人々自身の神についての理解である。

したがって「タナハ」はそのテクストのうちに、ずっと後まで発展させられた初期の言葉と信仰を保持しているが、それにもかかわらず、それはなお神に由来する言葉と見なされた。このように「タナハ」は、神の理解と性格づけが発展し変化した長いプロセスの記録である。その間、民は連綿と続く世代を通して、彼らを生み出した一者、彼らが関係しなければならない一者の名前と性質をより賢く知るようになった。実際のところ、彼らは「知恵」そのものを、創造と彼ら自身の生活における神の代理であると認めるようになった。その深遠な「知恵」の容認が、ギリシアの哲学および科学と結びついたときに西洋世界の科学的革命を生み出したのである。

一つの神　聖性

最終的に、その長い変化と修正のプロセスがもたらしたただ一つの最も大きな結果は、次のような認識であった。すなわち、もし神であると考えられるものが本当に神であるということであれば、神がそれであると判明したものが、神なのである。このことは複雑に聞こえるが、極めて単純である。人々が生きた世界における神と女神（ほんの少しだけ名をあげるならば、メルカルト、ミルコム、タンムズ、ダゴン、アシェラ、アナト、アシュタルテ）についてのすべての多くの異なる信仰と性格づけのただ中で、人々は、神が何ものであろうとも、それしかありえないのだという認識にいたったのである。一つの神はカナン人のもので、別の神はユダヤ人のものであるというように、互いに争っている多くの神々、あるいは、神の一部分というようなものはありえない。神、すなわち万物とすべての民の創造者である一者しかありえないのである。

このような考えは、ユダヤの民に対するただ一つの最も大切な命令「聞け！　耳を傾けろ！シェマ！」となった。シェマ（聞け）として知られる命令は、ユダヤ教の神理解の根本である。大人のユダヤ人男性は毎日二回唱えるよう課せられている。「シェマ・イスラエ・アドナイ・エロヘイヌ・アドナイ・エハッド」、というのは、「聞け、イスラエル」、それから「YHWH私たちの神、YHWH一者」、つまり、「主は私たちの神であり、主は一人である」、あるいは、「主なる私たちの神だけが主である」ということである。もっとも、「――である」という動詞がヘブライ語には現れないために翻訳の際に起こる、他のわずかに異なる表現がある。しかし、正確な意味が何であろうとも、宣言ははっきりしている。神の場合、神以外のものは何もない。それが、「一神教」として知られるもの、あるいはヘブライ語で「イフッド・ハシェム」、すなわち神の単一性の出発点である。偉大なユダヤ哲学者にして、律法を体系化したマイモニデス（一一三五―一二〇四）は次のように述べた。

神は一者である。彼は二つのうちの一つでも二つ以上のものでもなく、一である。宇宙に存在するものには「一」という語があてはめられるものがあるが、しかしそれは神の一者性には全く似ていない。神の一者性は多くの中の一つではなく、多くの部分からなる一つの体でもない。世界には、神の一者性に似た単一性はない。

（マイモニデス「トーラーの根本原理」）

したがってユダヤ民族は、神との協定ないし契約に縛られている。ユダヤ民族が信じる契約とは、神が万物を創造して秩序だて、また、全世界を代表して「神の目の下で神の力によって」生きるとは何を意味するかをはっきりと示すためにこの特定の、あるいは選ばれた民を召し出した神のイニシアティブに由来するのである。

「高く、あがめられて、永遠にいましその名を聖と唱えられる方」（「イザヤ書」五七章一五節）である神と近しい結びつきのうちにあるために、民は同じ聖なる状態の中で生きなければならない。契約の条件は、それがいかになされうるか、そして、したがっていかに彼らがイスラエルを定める命令に従うことができるかを彼らに伝える。「あなたたちは聖なる者となりなさい。あなたたちの神、主である私は聖なる者である。」（「レビ記」一九章二節）。そういうわけで、例えば、彼らが創造の七日めに休息した神にならって「安息日を聖なるものとして守る」ということが、契約の民としてのユダヤ人を特徴づける印なのである（「出エジプト記」二〇章八―一一節）。

そうすると、一つの正しい生き方があって、人々はそれが何かを知ることができるということになる。預言者の一人が短く述べたように（「ミカ書」六章八節）、「人よ、何が善であり主が何をお前に求めておられるかはお前に告げられている。正義を行い、慈しみを愛し、へりくだって神とともに歩むこと、これである。」。もし民が契約の諸条件に従って「歩む」ならば、彼らは神の保護、導き、そして祝福を受ける。さもなければ、彼らは罰を受け、それは神が他の国々に対してもたらしたハエの大発生や針を持つハチの大群による罰よりも大きい（「イザヤ書」七章一八節）。これはユダヤ教の神理解において根本的なことであり、それは例えば「申命記」の中で要約されている通りである。

あなたは知らねばならない。あなたの神（エロヒム）、主（ヤハウェ）が神（エル）であり、信頼すべき神であることを。この方は、御自分を愛し、その戒めを守る者には千代にわたって契約を守り、慈しみを注がれるが、御自分を否む者にはめいめいに報いて滅ぼされる。主は、御自分を否む者には、ためらうことなくめいめいに報いられる。あなたは、今日わたしが、「行え」と命じた戒めと掟と法を守らねばならない。

（「申命記」七章九―一一節）

ユダヤ人がその従順を引き受けるとき、彼らがそれをするのはただ彼ら自身のためだけにではなく、全世界のためにであって、それはすべての人々が、実際に、神と一つであるとは何を意味するかを理解することができるためにである。

万軍の主はこう言われる。その日（将来、神の支配が確立されたときに）、あらゆる言葉の国々の中から、十人の男が一人のユダの人の裾をつかんで言う。『あなたたちと共に行かせてほしい。われわれは、神があなたたちと共におられると聞いたからだ』。

（「ゼカリヤ書」八章二三節）

それは、神がすべてのほかの偽の神々と偶像を取り払って、この選ばれた民を通して新しい世界を創造するというビジョンである。

主（ヤハウェ）である神（エル）はこう言われる。神は天を創造して、これを広げ地とそこに生ずるものを繰り広げ、その上に住む人々に息を与え、そこを歩く者に霊を与えられる。

主であるわたしは、恵をもってあなたを呼び、あなたの手を取った。民の契約、諸国の光としてあなたを形づくり、あなたを立てた。見ることのできない目を開き捕らわれ人をその枷から闇に住む人をその牢獄から救い出すために。
わたしは主、これが私の名。わたしの栄光をほかの神に渡さず、わたしの栄誉を偶像に与えることはしない。見よ、初めのことは成就した。新しいことをわたしは告げよう。それが芽生えてくる前にわたしはあなたたちにそれを聞かせよう。

（「イザヤ書」四二章五―九節）

それは恐ろしい義務である。特に、ユダヤ人たちが信仰を保とうとしつつも、ホロコースト（ハ・ショアー〔災厄〕）において頂点に達するような終わりのない迫害をこうむったときには。あのような災厄の中で、契約の約束の神はどこにいたのだろうか？　ある者たちにとって、それは、「汝、生き延びるべし」という第一一戒を喚起する、極限まで信仰を試すものであった。しかし、ほかの者たちにとって、それは説明を超えていた。(28)

ソリー・ギトニックはお祈りを言った
手洗い所の階段の上に立って。
「主よ、私たちはあなたの選ばれた民族ですお願いですから、私たちのかわりに、別の民族を選んでください。」
神はそうした。あるいは、他のいくらかの者たちはそう考えた。
神の御名において、彼らは追いかけ、捕まえた、
お祈りをしている若いソリー・ギトニックを。
そして手洗い所の階段の上で彼を殺した。(29)

その詩、「反ユダヤ主義」は、神の理解と性格づけにおけるもう一つの根本的な変化を指している。もっとも、「根本的な変化」という表現は、リューンズが「ユダヤ人に対する戦争」と呼んだものを描写するには、まぎれもなくあまりにも穏やかすぎる。

知られるかぎりの歴史全体で、キリスト教徒たちがユダヤ人たちに対して行なったように、いかなる集団や国家あるいは国家同盟も、あのように長い時間にわたり、不運な少数者集団上に、あのようなサディスト的な残虐行為を働いたことはなかった。あの教派やこの教派がというのではなく、「すべて」の教派がそれを行なったのであり、特にカトリック信仰を持つ者たちがそうであった。(30)

リューンズが言及する大虐殺の数々は、これが、神が彼らがそうするように欲していると信じた者たちによって企てられた。それは、控えめに言っても、神の理解と性格づけにおける、過去とのつながりを欠いた変化であった。

第四章　アブラハムの宗教
――キリスト教の神理解――

反ユダヤ主義運動およびユダヤ人迫害にキリスト教徒が関与したことは、最初期のキリスト教徒はそのほとんどがユダヤ人だったことを考えると、よりいっそう悲劇的で恐ろしい。最初期のキリスト教徒はユダヤ人であり、イエスと呼ばれるガリラヤから来た一人の男を約束されたメシア（救世者、第三章参照）であると信じていた。ヘブライ語のハマシアハ（油注がれた者）はギリシア語ではホ・クリストス ho Christos であるところから、彼はイエス・キリスト Jesus Christ と呼ばれた。このようなキリストを信じていた人々は、キリストの死後数年の後までは「キリスト教徒」とは呼ばれなかった（「使徒言行録」一一章二六節）。

今日キリスト教として知られる運動は、神との契約の下での生き方はどうあるべきかについて、当時あった多くの解釈の中の一つの解釈として始まった。ユダヤ人たちは、神から契約の民として生きるように命じられていると共通に信じており、その神との協定の基本的な言葉や条件は「トーラー」に述べられていると承知していた。しかし、絶えず変化している現実の世界で、数々の命令や禁止令はどう守られるべきだろうか？　ローマ人支配下のエルサレムでの生活は、シナイ砂漠での生活とはまったく違っていたし、野外の星空の下での供犠は、神殿での祭儀や典礼とは大きく異なっていた。神は、今、何を望んでいるのか？

契約とトーラー

紀元一世紀、イエスが生きていた頃、神は何を望んでいるのかという問いに対して多くの異なる答えがあった。一部の人々は過去から伝わるテクストと伝統をできるかぎり忠実に守るべきだと考えた。（『聖書』を構成している書物の最終的な目録はさらに二〇〇年後まで決定されなかったが、そのほとんどは、神に由来する権威を持つものとしてすでに認められていた）。このテクスト遵守派の中にはサドカイ派がいた。彼らは神殿の祭司やそれに近い人々で、神が命令したことをできるかぎり忠実に守っていた。例えば、彼らは死後に生があるという考えを受け入れることができなかった。なぜなら、そのような考えはモーセの本（「トーラー」）にはないからである。

他の人々はテクストの権威を否定はしなかったが、命令や禁止令は新しい変化した環境に合わされることができなければならないと信じた。例えば、エルサレムの神殿は世界の中心に留まっていたが（中世までの古い地図ではそうなっている）、ユダヤ人たちは、今や地中海世界中のユダヤ人居住地ディアスポラ（ギリシア語で「離散」の意）に拡散していた。そこで、ラビユダヤ教として知られるようになった一派は、いかにして契約の条項が、地中海のはるかな果てにおいてでも、そして現在も、世界中で守られることができるかを考え出した。例えば、彼らは集合場所、つまりシナゴーグを創設した。そこは神殿と並行して運営される地方センターで、同じように儀礼を行なっており、紀元一三五年のエルサレム陥落以降はよりいっそう重要になった。

彼らは、また、人々が契約の言葉や条件を守ることができるように、「トーラー」の解釈法を発展させ実生活に合ったものにした。その結果、「あなたたちは聖なる者となりなさい。あなたたちの神、主である私は聖なる者である」（「レビ書」一九章二節）という根本的な命令も、人々がどこに住んでいても、また神殿の守られた場所にいるエリートだけでなく、すべての人によって従えるものになった。例えば、安息日を聖なるものに保てという短い命令に関しては、あまりにも多くの質問（例えば、エレベータに乗ってボタンを押すことは律法が禁じる労働にあたるのかどうか?など）と多くの解答が出されたので、その解釈については、まるで風前の灯のように頼りないと言われた。

この解釈者たちは、まさしくペルシーム、あるいは英語ではファリサイ派 Pharisees として知られ、最終的にはラビとして知られることになった。彼らの目標は、もともと啓示されたままの律法の詳細に固執したサドカイ派のような文字通りに解釈する人々とは対照的に、人々が神との契約のうちに生きるよう助けることだった。解釈者たちの中には二つの極論があった。大多数は神との契約関係の中で生きるように助けるような解釈を求めた。他の人々は、律法はすでに今や新しい環境に適合するように解釈されているのだから、それに従わなければならないし、そこにはそうしない言い訳は存在しないと主張した。この分裂は、律法の細部まで守ることを主張する超正統派ハレディームのような超正統派ユダヤ教徒と、改革派またはリベラル派ユダヤ教徒の間で今日まで続いている。それは「神が求めるものは何か」についての理解の違いの結果である。

イエスが生きていたとき、契約の民として現実の生き方はどうあるべきかという議論がまさに頂点に達していた。イエスは当初、多くのシナゴーグがあるガリラヤで説教しており、やがて、彼は、神との契約を生活に合ったものにし、その方法で地上に神の御国を築こうと願う人々の側に確固として立ったことが明らかである。彼は信奉者にこう祈りなさいと説いた。「父よ、御名が崇められますように。御国が来ますように」(「ルカによる福音書」一一章二節)。

しかし、御国が来たとき、それはどんなものだろうか？　イエスは、全体としては『聖書』における神理解と性格づけを共有していたが、地上における法あるいは神の御国が実際に意味することについての理解では極めて独自なものを持っていた。

イエスは、もともと、律法の詳細に厳密に従うことだけで「地上において神の意志を行なう」ことができる、という考えを信じていなかった。彼は、御国はいかなる条件もなく、信頼のうちに神に向かい、愛のうちに隣人に向かうすべての人々に開かれていると信じていた。多くの掟の中でどれが最も重要かと尋ねられたとき、イエスは二つの掟を結びつけて次のように答えた。

「心を尽くし、精神を尽くし、思いを尽くして、あなたの神である主を愛しなさい。これが最も重要な第一の掟である。第二もこれと同じように重要である。「隣人を自分のように愛しなさい」。律法全体と預言者は、この二つの掟に基づいている。

(「マタイによる福音書」二二章三七—四〇節)

イエスは、神の御国とその意味するものについて（特にたとえ話によって）説いたが、同時にその意味するところを生活や行動に移しもした。御国はどこかはるかな遠い未来にだけあるものではない、その実現の兆しはすでにここにある。イエスは、御国の兆しを指し示したが、そのやり方は、御国の意味を教えるだけではなく、人々を癒し、人々の罪は赦されていると告げることも行なった。このようなことはすべてまったく条件なしで行なわれ、それは律法を守ることや、神についての真っ当な理解を持っているかどうかには関係なかった。イエスにとって、信仰と愛において神に開かれることは根本的であり（それはユダヤ人はもとより非ユダヤ人にも開かれていた）、神の癒しと赦しの業の条件などではなかった。その意味では、律法を守ることは、必要条件でもなければ、神の視点からの承認を十分に保障するものでもない。

イエスと神

イエスは、神が、社会一般に受け入れられている考え方（しばしば偏見）の多くに挑戦し、それを切り返し、富者よりも貧者を、独善者よりも罪人を、師よりも弟子を、先頭の者よりも最後尾の者を重んじるのを見た。また、イエスは、神が見失った者を探し出すまでに長期間をかけることを強調し、子供のように無防備な者を侮り、傷つける者への神の怒りを警告した。

このようなことそのものは、神との契約関係における生き方はどうあるべきかということの解釈の一つとみなすべきかもしれない。しかし、それは契約を規定している律法を守ることに優先権を与えるものではない。しかしながら、他の解釈を混乱させ脅かしたのは、驚くほどに独自なイエスの行為と説教のやり方であった。彼はそれが神から直接に来たと主張した。イエスは、病人の治癒や罪の赦しなど、神だけにできると信じられていることをこの世で実際に行ない、同時に、揺るぎない権威をもって神の意味と趣旨を説いた。イエスは、彼に会った多くの人々に、彼が言ったこと、行なったことによって、「地上における神の御国」の意味を彼が自分自身の人格を通し、また人格の中に表現しているかのように見えた。

イエスに会った人たちは、イエスを通して、神の力と影響がダイナミックに働いているのを見たことに疑問の余地はない。これはとても驚くべきことだったので、それを表現するのにギリシア語のデュナミス dunamis が使われたが、この語は現在のダイナマイトやダイナミックという語の基になった語である。イエスの敵でさえ、イエスという人格の中で、彼を通して何か異常なことが起こっていることを否定しなかった。彼らは、イエスは悪魔ベルゼブルの力によって、ユダヤ人に神への真なる帰依をさせないためにそうしているのだと単純に主張した。

神の力はイエスによって生き生きともたらされたが、しかし、イエスはそのような記念すべき事跡のいずれについても、決して自分自身の能力や力から出たとは言わなかった。イエスは、それは、常に彼が父と呼ぶ神からもたらされると語った。したがって、イエスの最初の弟子たちがイエスを見て彼から聞いたとき、イエスを通して普通の人間の力をはるかに超えた方法で語り、行動しているのは神であるように思われた。狂気じみて聞こえるかもしれないが、弟子たちはガリラヤで神に会ったようだった。

磔刑と復活

もしイエスがガリラヤにそのまま留まっていたとしたら、私たちは今よりも多くのことを彼について聞くことはなかっただろう。イエスは、神との契約によるあるべき生き方について、一つの興味ある独自な理解を唱えたある人のままだっただろう。当時、ガリラヤには他に多くの教師や魔術師たち（ホニのように雨を降らせる者など）がいたが、彼らは歴史の補注の中に消え去ってしまった。しかし、イエスは再び、強い意志で他と違って独立して、自らの神理解を携えてエルサレムへ赴いた。そのエルサレムは、当時、神殿がイエスの神理解の真実と妥当性の判別と決定のできる唯一の場所であった。イエスは、彼の私的で独自な教えによって神殿を脅かしたとして告発された。その罪とは、「申命記」一七章によれば、イエスの教えはイスラエルを滅ぼすであろうという理由で死刑によって処罰されなければならない。こうして、イエスは、唯一罪人を処刑することのできるローマ人に引き渡され、十字架にかけられ、処刑された。

この物語もここで終わっていたかもしれない。ところで、根本的な疑問は、なぜガリラヤで神を見たと信じたイエスの信奉者たちは、この処刑された罪人を本当にキリストであると信じ続けたのだろうか？　イエス自身は、完全に退けはしなかったが、彼は救世主メシアだからそのように語り、行動したのだという信仰に対し抵抗していた。その代わり、イエスは、自分を「人の子」と呼んだ。それは『聖書』に使われている表現で、「彼は、他のすべての人同様に死ななければならないが、神によって救われ、無罪であるとされる」となっている。彼は確かに死に、しかしながら、救われなかった。イエスは十字架の上で叫んだ。「わが神、わが神、なぜ私をお見捨てになったのですか？（「マタイによる福音書」二七章四六節）。

では、どうしてこの初期の信者たちは、彼を約束されたキリストだと信じることができたのだろうか？　その答えは次のように考えられる。信者たちは疑いなくイエスが十字架の上で死んだことは知っていたが、同じくらいの確信を持って、彼らの証言によれば、イエスは死の後も生きていたことも知っていた。当初、信者たちはこのことがほとんど信じられなかった。確かに、イエスの死体があった墓が空になっていたとか、イエスが生きているのを見た幾人からの証言などで確信が脅かされることはあった。しかし、次第に説得される人の数が増えたが、それは、信者たちがイエスと共にいたときに経験した神のデュナミスが、信者たちの内部においていまだに劇的に働いているのを見出したことが、少なからず理由としてあげることができる。

実際のイエスの復活は描かれておらず、別々の幾人かにイエスが現われたというだけである。彼らが会った人は紛れもなくイエスであった、しかし、それはどう見ても復活した身体での姿ではなかった。実際、ある人たちは復活は起こりえなかったと主張した。例えば、イエスは十字架の上では死なず、降ろされ、生き返ったのだとか、あるいは、イエスは死んだが、信者たちは彼を忘れることができず、彼の教えとインスピレーションはいまだに信者たちの中に生き続けているというものである。

このイエスの復活をうまく説明しようとの試みはどれも本当らしく見えない。なぜなら、『新約聖書』の事実というすべての中で最も明らかな歴史的事実を説明していないからである。

このような独特で常識を超えた文書を何がもたらしたのだろうか？　『新約聖書』の強固な歴史的事実は、それが存在するということである。古代世界のすべての多くの文書の中でも『新約聖書』は特異である。それはギリシア世界で書かれたものに似た伝記や書簡、および他のユダヤ教の作品に似た黙示録などを含んでいる。しかし、それぞれの『新約聖書』の文書は、それとは全く違っている。なぜなら、その文書は、イエスの独特で完全に異様な生涯と死、および、彼らが信じた死後の生の結果出来たものだからである。また、それはイエスを知った人々の生き方が、以前に「先生」と呼び、今や「わが主、わが神」と呼ぶ人によって完全に変容された結果でもある。この「わが主、わが神」とは弟子の一人トマスの反応であり、彼はイエスを知り、信じるまでは、死後もイエスが生きているかもしれないという可能性を否定していた。

初期のキリスト教徒は、イエスを「キリスト」（メシア）とも呼んだ。なぜなら、彼はキリスト教徒にとって、またそれ以外の者にとっても、「神の恵みが流れる導管」（第三章参照）だったからである。イエスが、彼に会った人々に与えた大きな衝撃は彼の死後も続いた。その磔刑と復活を超えて、イエスを通して多くの人々の人生を変えた神の力と結果は、もはやたまたま幸いにもガリラヤあるいはユダヤにおいて彼に会った人々に限定されることなく、彼が意図し、死の前夜に実施したように普遍的なものとなった。

イエスは過ぎ越しの祭りを祝うための最後の機会にエルサレムへ行った。この祭りは、神がユダヤ民族をエジプトから脱出によって救出してくれたことを祝うものであった。イエスは彼を通して神が語り、行動することを知っていた。その力（デュナミス）は、他の人々の生き方を善い方へと変えたものと同等であった。しかし、また、イエスは彼の生き方や説教が神殿の権威を攻撃するものであるために、身に危険が及ぶことも承知していた。彼は身近な弟子たちに、地上で再び食事を共にすることはないだろうと告げた。

食事のとき、イエスは弟子たちに自分は間もなく死ぬことになるが、それでも弟子たちとともにあり続け、その結果、彼を通して神の力と結果について経験したすべてのことはいつまでも続くことを伝えようとした。しかし、それはとても予想外の考えであり、弟子たちはイエスの意味することを理解できなかった。そこでイエスは、自分の言葉をある行為に移したが、それは、当時の預言者たちがその言葉の緊急性を人々に悟らせるために行なうのと同じだった。その行為は将来ある出来事を確実なものにすると信じられていた。

イエスはそこでパンを取り、言った。「これは、あなたがたのために与えられる私の体である。私の記念としてこのように行ないなさい」。そしてぶどう酒の入った杯を手にして、言った。「この杯は、あなたがたのために流される、私の血による新しい契約である」（「ルカによる福音書」二二章一九―二〇節)。

イエスが言った正確な言葉はわからない。なぜなら、福音書とパウロの手紙はそれぞれ微妙に違っているからだ。それにもかかわらず、このことから、イエスは彼を待っていること(運命)を知りつつ、新しい契約を作ったことが判明する。それは、彼を通していま神との間に築かれた関係は、彼を思い出して食事をするたびごとに未来においても継続するということである。

イエスは絶えることなくこの世にいるという約束を、その場にいた弟子たちにだけでなく、「マルコによる福音書」一四章二四節で述べるように、多くの人々のために行なった。キリスト教徒は、その後、この約束が真実であることを発見するが、しかし、イエスはそれがどう起こるかは説明しなかった。その結果として、キリスト教徒がイエスを記念して最後の晩餐に集う際に起こることについて、多くの異なる理解がなされてきた。例えば、パンとぶどう酒はキリストの体と血になるというものから、パンとぶどう酒はイエスの体と血を象徴しているというものまである。

このような理解すべてに共通するのは、イエスの言葉と行動を繰り返すことが、信じる者たちを、「世の終りに至るまでも」彼らと共にいて、彼らのただ中に実際に居続けるというイエスの意図と約束に結びつける、ということである。

神の子

イエスの信者たちは、このことがすべて真実だとわかったので、イエスをキリストと呼ぶだけでなく、神の子とも呼んだ。「神の子」という表現は、当時は単に「神の命令に従う人」の意味だったかもしれない。しかし、イエスはさらに強い意味で神と特別な近い関係にある人として「神の子」と呼ばれた。信者たちは、これまで共に暮らし、よく知っているこの男は自分らの中にいる神であると信じた。

このような考えは、すべてかなり後代のキリスト教信仰において出現したもので、普通の教師で治癒師だった者が徐々に引き上げられ、時が経つにつれ、彼は神の子になったのだとする説もあった。しかし、それははっきり間違っている。磔刑の後数年しか経っていないときに書かれた「パウロの手紙」を含む『新約聖書』の最初期の文献以降、イエスに対し最高の地位と称号が与えられており、そのために、「イエスの御名にひざまずき、すべての舌が〝イエス・キリストは主である〟と公に宣べて……」(「フィリピの信徒への手紙」二章一〇―一一節)となっている。また、「コロサイの信徒への手紙」一章一五節は、主としてのイエス・キリストについて、彼を「御子は、見えない神の姿であり、すべてのものが造られる前に生まれた方です。天にあるものも地にあるものも、……万物は御子によって、御子のために造られました。御子はすべてのものよりも先におられ、すべてのものは御子によって支えられています」と述べている。初期の文献はまだ彼を人間としての名でイエスと呼んでいるが、しかし、イエスは神の自己表現であり、信者たちの中に住んでいる恵みと真理とに満ちた神の言葉であるという信仰から書かれている。（「ヨハネによる福音書」一章一四節）

したがって、イエスの磔刑から数年のうちに、初期のキリスト教徒は、すでにイエスと神を非常に密接に結びつけるようになり、神へ向けられるべき帰依と崇拝は当然イエスにも向けられるべきだった。イエスの死は、罪と死の力に対処し打ち負かす神の行為であったと彼らは信じた。これは磔刑に処せられた一人の男に対してなされた常識ではありえない主張であり、初期の教会の歴史では、最初のキリスト教徒たちがそこで起こったことの意味を理解するのに悪戦苦闘している姿が示されている。

第一に最もはっきりしていることは、ユダヤ教の神理解は継続しているということである。一者、すなわちイスラエルの民に全世界を代表して特別な任務と服従を求め、万物と万人の創造者としての神についての根本的な理解は変わらなかったし、さらに、すべての国々を命令し支配する至高の王あるいは支配者としての神理解も変わらなかった。

イエスをキリスト（救世者）であると信じた結果として、キリスト教徒にとって変わったのは、神が何ものであるか、神は世界とどう関係しているのか、についての理解であった。彼らにとって、預言者たちの夢が突然驚くことに実現しようとしていた。それは「水が海を覆っているように大地は主を知る知識で満たされる」（「イザヤ書」一一章九節）という日が来るという夢である。イスラエルの民を癒し、裁き、赦し、救いをもたらすという神の意図は、キリストを通して全世界に拡散し、それは、言葉を換えれば、普遍化された。

教義の展開――キリスト論　贖罪　三位一体

イエスを通して、神の契約と意図をすべての人に普遍化することは、イエスと神の関係について非常に大きな問題を発生させた。イエスは、ガリラヤやユダヤで、間違いなく多くの人々に神の力をさまざまな方法で示してきた。しかし、イエスはこのようなことが行なわれたり、話されたりしたのは、彼自身の力や彼自身からではなく、彼を通して働いている彼が父と呼ぶ神によるものであると強く主張していた。イエスの最初の信者たちが、「目で見たもの、よく見て、手で触れたもの」（「ヨハネの手紙一」一章一節）は、独特かつ違えようのない方法で、神の真理と結果を体現した人であった。その方法は、人々が日頃なじんでいた教師や治癒師の行ないいかなるものをもはるかに超えていた。

ここですぐに、次のような疑問が出てきた。どうして、神は、実際に十字架上の死によって示されたその人間性を傷つけあるいは圧倒することなしに、この人間のなかに、この人間を通して自己を完全に現わすことができたのか？　後代の表現では、いかにしてイエスは、真に神であると同時に十全に人間であることができたのか、という問いになった。

これは、キリストの人格と本性について考える、いわゆるキリスト論として知られる問いである。今日まで続いている幾世紀にも及ぶ論争や議論ののち、最終的には、イエスは一つの人格のうちに、神という意味を損なうことなく、また、人間という意味を失うことなく、神の性格と人間の性格という二つの異なる性格を結びつけているという考えが、キリスト教信仰において広く受け入れられているものである。イエスは、こうして、単に稀な良好な瞬間ばかりでなく、常に実際の神を体現（ラテン語では「受肉」として知られる）した。「ヘブライ人への手紙」四章一五節が述べるように、イエスは「罪を犯されなかったが、あらゆる点において、私たちと同様に試練に遭われた」人であった。

しかし、罪（人々が行なう悪いこと、人間と神との差）というのは、他の誰にとっても人生における一つの事実としてどうしてもある。もし人々が神および人間同士と和解するつもりならば、罪は処理されるべきで、その差はなくなる。「創世記」三章一―一九節の物語では、死はアダムとイブの不服従の結果であり、そのために彼らは神から切り離された。彼らは、エデンから追放され、もはや夕方の涼しいそよ風のなか、庭園を歩く神に再び会うことはできなかった（「創世記」三章八節）。やがて、キリスト教徒は、磔刑と復活に神が自分の体をもって参加したことは、死に対して決定的な敗北を与えたのだと信じるようになった。それは人間性に対する死の力を破壊し、したがって、人間が自分のためにできないようなことを神は人間のために行なったのである。エデンからの追放は終了し、人々は再び神と「一つ」になった。したがって、十字架は、キリスト教信仰においては、贖罪の日が永遠にすべての人のために成し遂げたことを、年ごとに特定の状況において成し遂げるのである。こうして、神と「一つになる」ことは、普遍的になったのである。

しかし、では、どのようにしてできるのか？　それが贖罪についての疑問である。あの十字架上での死が、どうして他者、イエス存命の以前や以後の無数の人々に影響を与え、彼らの贖罪を成し遂げることができるのか？　『新約聖書』には主に当時の彼らが暮らしていた世界から取り出されたたとえ話によって、これに対する多くの答えが暗示されている。例えば、神殿での供犠の効力は一つのたとえ話を提供しており、「ヘブライ人への手紙」は、キリスト教徒は今やよりよいいけにえ（九章二三節）、よりよい大祭司（四章一四―六節）、よりよい契約（八章六節）を持つことになったと述べる。他のたとえ話は、もし奴隷が買われて、その後解放されることになっているならば、支払われなければならない代価であった。また別のたとえは、犯罪者の代わりに犯罪のしかるべき刑罰を受諾することであったが、この受諾は、その罪が無視されたり見逃されたりすることを許すのではなく、完全に帳消しにすることを許すのである。また別のたとえ話は、キリストを勝利者キリストとして、死に対し勝利したと見るものである。それは「創世記」の物語に関連しており、人類の祖アダム（死という罰を子孫に残した）とキリストを比べ、キリストを死を破壊し、永遠のいのちの贈り物を受け取るべき人々に引き渡した第二のアダムと見なすものである。その永遠の命とは、洗礼による比喩的な死のうちに始まって、すでにいま経験されている、キリストの内に埋没した命であり、その結果、キリスト教徒たちは、パウロが言ったように、「あなたがたは死んだのであって、あなたがたの命は、キリストと共に神の内に隠されているのです」（「コロサイの信徒への手紙」三章三節）。

このキリスト論と贖罪についての二つの問いは、次にわかりきった第三の問いを生んだ。すなわち、このすべてのことは神の本性と存在について何を意味しているのか？というものである。神は、イエスの人格として全面的に現われつつ、なおかつこの世界を統治し続けることがどうしてできるのか？　神は、人々と世界中の出来事に対し同時に働きかけることがどうして可能なのか？　『聖書』は常にそのような神の活動を描き、特に、神の「息 breath」あるいは「霊 spirit」という言葉で、それについて語っている。例えば、神の息は、預言者のような人々を奮い立たせ、また『聖書』に出てくるベツァルエルのような他の人を「知恵と英知と知識」で満たし（「出エジプト記」三一章三節）、また、同じく『聖書』の人物オトニエルにしたように他の人を戦争へ駆り立てるのである（「士師記」三章一〇節）。

ヘブライ語の霊にあたる言葉はルーアハ ruach で、単に息あるいは風を意味する。したがって、「創世記」一章二節は、欽定訳『聖書』では「神の霊が、水の面を動いていた」と訳されており、これは同じように「神からの風が水の面を吹き流れていた」と訳すこともできる。しかしながら、ルーアハは、次第次第に現実の世界における神や緊急時とその結果における神の代理人として認識されるようになった。そこでキリスト教徒は、創造者、贖罪主そして霊の三つが、いかにして一つの神という実体と一体となるのかという問いに直面することになった。

これが三位一体の問題である。神が一つであることについてはいかなる妥協もありえない。それは絶対的であり、交渉の余地はない。神の場合、神が存在することがありうるだけである。では、なぜ、キリスト教徒は神の本性が三位一体でなければならないと信じるようになったのだろうか？

神を三位一体であるとするキリスト教徒の神理解は、いかなる神理解も起こりうる状況においてのみ生じた。その神理解は、神の行為と結果であると見なされるものを含むこのような類の宇宙において、人生を経験するさまざまな方法のなかで起こるものである。そのような基準では、キリスト教徒には、次の三つ以外の神理解の選択の余地はない。つまり、万物を創造し維持している一者、失われた者を見出し、回復させ、更新している一者、人間の生きることと互いの関係について、多くの異なるしばしば驚くべき方法で変換を促しつつある一者の三つである。

当時の言い方で、人々は神を父（生命、時間、歴史の創造者）、息子（贖い主）、聖霊（人々を、万物を神の恵みとして受け取り、信仰、希望、愛によって感謝を示す恵の子に変える）として語った。しかし、この三つはこれまで私たちが見てきたように、三つの神、あるいは神の三つの小部分ではありえない。それは神であることの本質においてのみ可能である。つまり、その神ではこの三位一体の関係が本質である。父は息子の源であり、その息子を通じて聖霊の活動は、神の内的ダイナミックと存在に参与させられる、すなわち「神格化」theosisとして知られるプロセスによって人間を本質的で永遠の関係へ導く。

この説が込み入ったものに聞こえるのは疑いない。物理学者ジョン・ホイーラーは、かつて、もしあなたが、量子力学から完全に困らされていないのなら、あなたはそれを理解していないのだと語った。また、ニールス・ボーアは、もし量子力学に最初に出会ったときにショックを受けなかったなら、あなたはとてもそれを理解できないだろうと述べた。三位一体についてもこのことは真実であり、驚くことはない。なぜなら、量子力学のようなものの創造の様相を理解するよりも、神を理解するほうがやさしいということはありえないからだ。そのうえ、神は人間の理解の限界内にとどまるつもりもないからである。

したがって、いわゆる「アタナシウス信条」(五世紀に作られたキリスト教の信条で広く認められた)で、「誰であれ救われたいと思うものは、……唯一の神を三位において、また三位を一体において、位格を混同もしなければ、また実体を分離もせず……礼拝すべきである」と述べることは容易であった。しかし、それは「神とは何か」という最小の命題をどう理解することができるかについて同意に達することは不可能であることを証明してきた。

それにしても、三位一体が知られ、あるいは少なくとも信仰によって認められるようになったプロセスについて、何か語ることはできるだろう。ボンヘッファーが述べたように、もし、私たちが、「自己の中心を超越した」経験から始めるならば、私たちは「経綸的三位一体 economic trinity」として知られるものに導かれることとなる。ギリシア語オイコノミア oikonomia（英語の economy のもと）は、オイコス（家）とノモス（法）から成っており、したがって、経綸的三位一体という表現は、神が宇宙と人間を統治していることを指し、さらに、本書の第一章ですでに論じた意味での神がここにいること、すなわちインマネス（内在）を主張するものである。

経綸的三位一体から、神という存在はそれ自身においてどうあるべきか（神の自存性として知られる。自存性とは自己の存在の根拠を自己自身の中に持つ存在のあり方を言う）についての推論を導き出すことはできる。しかし、それも、すべての仮説的推理同様に仮説でなければならない。さらに、問題を厄介なものにしているのは、神の内的存在についての論考がインマネント（内在する）という言葉を用いていることである。「内在的三位一体 immanent trinity はこの意味において、創造、救済、清め（経綸的三位一体）における神の三つの性格は永遠かつ超越的な神（内在的三位一体）とどう関係しているのかを問う。この問いは可能である。なぜなら、経綸的三位一体は、神とは何であるかを論理的かつ現実に表現しなければならないからである。それは、あたかも石の上の指紋が、その上に押し付けられた指とはまったく関係がない、などということはありえないのと同じだからである。

神の内的存在は、したがって、それ自身は相互関係によって成る一つの統一体であり、あるいは、より簡単に言えば、『新約聖書』(「ヨハネの手紙一」四章八節)が語るように「神は愛だからです」。「神であるために神は何であらねばならないか」について、創造および贖罪と聖別という経験における指紋、すなわち事跡から始めることから推論してみることは可能だろう。これらはすべて人々を聖なるものや神への愛へ導いたものであり、それにより人々はすでにそれを経験し始めることができているのである。

したがって、内在的三位一体(時空の限界を超越している神の自存性)に関する考察は、私たち自身との関係における経綸的三位一体についての変換の結果から生じたものである。キャサリン・ラクナは次のように語っている。

三位一体の神学は要するに、神と私たち、私たちと神、私たちと私たちという関係の神学である。三位一体の教義は、神の本質は関係性であり、別の言い方では、神は自由、愛そして知が交わって一つとなった多様なペルソナとして存在している。[31]

ここで、今日まで続いているキリスト論、贖罪、三位一体についてのキリスト教史における膨大かつしばしば込み入った論争をたどることは不可能である。この論争はとても不和を生むもので、キリスト教徒はしばしば、これらの錯綜したテーマに異なる見解を持つ他のキリスト教徒を迫害した。それは、今なお教会が分裂したままである一つの理由としても残っている。

イエスと父の関係および三位一体についてのキリスト教徒の信仰は、明らかにユダヤ教の神理解と神の性格づけとは異なっている。しかし、キリスト教徒の神理解はユダヤ教の『聖書』に基づいている。ミロスラフ・ヴォルフが「私たちは同じ神を崇拝しているのだろうか？」[32]と問うたのは、本当に真面目な問いかけである。答えがどういうものであれ、キリスト教もユダヤ教も共に同じ伝統からもたらされ、キリスト教もユダヤ教も共に正統な後継者であると見なしている互いに異なる神の理解に挑戦されることとなった。彼らはさらに、イスラム教によって挑戦を受けた。

第五章　アブラハムの宗教

――イスラム教の神理解――

これぞこれ唯一無二の御神、アッラー。目に見える世界も、目に見えぬ世界もともに知悉し給う。お情けぶかい、慈悲ぶかい御神。これぞこれ唯一無二の御神、至高の王、聖なる御神……。これぞこれアッラー、万有を創造し、創始し、形成するお方。あらゆる最高の美名を一身に集め給う。天にあるもの、地にあるもの、すべて声たからかに讃美し奉る。ああ限りなく偉大、限りなく賢い御神よ。

（『コーラン』五九章二二―二四節）

このような言葉や他の多くの似たような表現で、『コーラン』は神のこの上ない偉大さを宣言する。そうしつつ、『コーラン』は神が過去に送った預言者たちのお告げを続けている。「われら（アッラー）がお前（ムハンマド）に啓示したのは、かつてノアとそれに続く預言者たちに啓示し、またアブラハムとイスマエルとイサクとヤコブと十二支族と、イエスとヨブとヨナとアロンとソロモンとに啓示し、かつダビデに詩編を与えたのと全く同性質のもの」（四章一六三節）。

したがって、これによれば、『コーラン』における神の理解と性格づけは新しいものではないということになる。それは、新しいということはありえない、なぜなら、神は永遠かつ不変であり、「御自らお前に啓示し給うたものについてはアッラーが証人に立ち給う」（四章一六六節）からである。ムハンマドは神の預言者として、その証拠をこの世界へ伝えた。それが、イスラム教の神理解が「神以外に神はいない。ムハンマドは神の使徒である」という宣言やシャハーダ shahada（信仰告白）に要約されている理由である。そのような方法で神に信仰告白することは、イスラム教徒であること、イスラムとして知られる神との間で服従と安全という関係に入ることである。

アラビア語で神に当たる言葉はアッラー Allah である。それは定冠詞アル al(the) と神の名であるとエル El とエロヒム Elohim がつながったイラーフ ilah を圧縮したものとされる。アラビア語とヘブライ語は近い関係にあるので、これは驚くようなことではない。アッラーという語は、男神や女神についての多くの争い合っている考えに対抗して、「神の中の唯一の神」という意味を意図して作られたようである。

密接な結びつきにもかかわらず、多くのイスラム教徒は、ユダヤ教とキリスト教の神の性格づけからイスラム教を区別するために、アッラーを神 God と翻訳してはならないと主張してきた。二〇一三年、マレーシア控訴裁判所は、Allah がムハンマドの時代よりはるか以前からアラビアで使われていたにもかかわらず、イスラム教徒だけが Allah を使うことができると法令で決めた。イスラム教徒は、神には「最も美しい名前」がついており、それは、「最初の」、「最後の」、「唯一の」などからなる「九九の美名」であるが、アッラーは本質、神の自存性を示しているのでそれとは別であるとしている。

ムハンマド

イスラム教は、歴史的には、五七〇―六三二年にアラビアにいたムハンマド Muhammad（マホメットとも表記される）の生涯と作品とともに始まった。しかし、イスラム教の見方では、イスラム教はそれよりはるか以前に始まったことになっている。イスラム教は、人はディーン Din として知られるものに従って生きるべきであるという天地創造時の神の目的とともに始まった。このディーンという言葉は伝統的に「宗教」と訳されているが、イスラム教徒は、ディーンを生きることとの全体を含むものと理解していることを忘れてはならない。したがって、「宗教」と「世俗」との区別はありえない。ムハンマドは、自分自身を人々に信仰と行為の生き方に立ち戻るように呼びかけるために、神より遣わされた預言者であると理解していた。その生き方とは、神を感謝をもって認め、さらに神が望み命ずる通りに生きることである。

では、何から人々を呼び戻そうとしたのだろうか？　それは、誤った神理解から、また、誤った神理解から生じた間違った信仰と行為から戻そうとしたのである。ムハンマドが生まれた当時、アラビアではそのような間違った信仰や行為を簡単に目にすることができた。ムハンマドの生地メッカには、多くの異なる神の性格づけや崇拝の方法があった。そこには、ユダヤ教徒やキリスト教徒のかなりの数の集落があり、また、メッカそのものが月の神フバルや三人の女神ウッザー、マナート、アッラートなど地方神信仰の巡礼の中心地でもあった。そこではいわゆる偶像として知られるものの崇拝が行なわれていた。

当時、メッカとその周辺に、ハニーフとして知られる人々がいたが、彼らは、ユダヤ教徒の道徳的な生き方を尊敬しており、神が一者であると強調するユダヤ教徒に従いつつ、なぜ偶像を完全に拒否しなければならないか考えていた。ハニーフたちは、したがって、「イブラーヒーム（アブラハムのアラビア語）の宗教」に従おうと試みつつあった。その中に、ザイド・イブン・アムルがおり、彼はメッカの偶像崇拝を非難し、「神よ、あなたがどのように拝まれたいと願っておられるか私にはわかりません、しかし、もしそれがわかれば、あなたの望まれる通りに拝みます」と常に祈っていた。彼は、ムハンマドが偶像を崇めることを非難したが、ムハンマドは、後に、「あれ以降、私は決して意図して偶像に触れることはなかったし、犠牲を捧げることもしなかった」と語った。

その代わり、ムハンマドはヒーラ山にあるいつもの彼の洞窟へ行き、そこで完全な孤独のうちに、彼がハック（真理）と呼ぶ真実なる神を見つけようとした。そこで、あるとき、彼は、後にジブリールあるいはガブリエルだったと認めたものから圧倒されるような経験をした。それはムハンマドを押さえつけて〝誦め〟と三度強く命じた。その気絶するほどの圧倒的な経験を皮切りに、現在『コーラン』となっている言葉を唱えるように圧迫を受ける機会が、ムハンマドの生涯にわたり始まった。『コーラン』alQuran は、アラビア語の「誦め」iqra と同じ語根から来ている。したがって、イスラム教徒にとっては、「誰、あるいは、何が神であるか?」の答えはこの『コーラン』の中に明確に、まぎれようもなく与えられているのである。

『コーラン』

ムハンマドはどんな意味ででも『コーラン』と称される本の著者ではない。彼は、自分も、また他人も信じたように、神から授けられた言葉の受け取り人であり、そこで、彼はそれをこの世界へ伝えたのである。

『コーラン』の元である「啓典の母体」と言われるものが天上に神とともにあって、イスラム教の信仰では、それがただ単にアラビア語でムハンマドに送り下され、与えられただけである。それが、アラビア語が言語として貴重な理由であり、多くのイスラム教徒がたとえアラビア語がわからなくても、神の大きな恵みをもたらすので『コーラン』を朗誦しようとする理由である。

ムハンマドの死後、特に八、九世紀に、ムウタズィラ派などのように、『コーラン』は人々や出来事に言及しているので、特別な状況のために創造されたものに違いないと考える人々がいた。しかし、『コーラン』は神が語ったもので、それが紙に複写され、記憶に留められ、声で読誦され、預言者に啓示されたものである。私たちの行なう『コーラン』の読誦、書写や朗誦は創造であるが、しかし、『コーラン』そのものは創造されていないという反対の見方が広まった。[33] 後には、もし『コーラン』が創造されていないのならば、なおさら数多く朗誦されるべきであると信じられた。

したがって、イスラム教の信仰によれば、『コーラン』はムハンマドを通してこの世に伝えられた神の穢れなき、完璧な最後の啓示である。ところで、シャイターン（悪魔）がムハンマドの耳元にささやき、メッカの人々に対しあなた方の女神は神への願いの仲介者かもしれないと言わせることで、『コーラン』を穢そうとしたのは真実である。その言葉が『コーラン』の中の最初の「悪魔の章句」であるが、ムハンマドがその成り立ちを認めた際に、この章句は否認された。こうして、メッカの偶像崇拝は順応できず、廃止されることになった。

この否認はナスフ naskh（廃棄）として知られるものの実例の一つで、『コーラン』の一部分を後に成立した部分によって削除や拡大あるいは入れ替えることである。しかしながら、それは神が行なうことであり、人間の介入はなく、『コーラン』が文字通り神の言葉であるという信仰には何ら影響しない。しかし、この信仰は、特に、『コーラン』の言葉をどこまで比喩として理解できるか、否か、という、それ自身が別の問題を発生させた。例えば、『コーラン』には神は「高御座につき」（七章五二―四節、一〇章三節）という表現があるが、それは神が文字通りに玉座に座っていることを意味しているのかというものである。

神の属性に関する議論では、『コーラン』を文字通りに理解しようとする伝承主義派は、神の言葉としての『コーラン』は「神はどのようなものか」を描くものであるべきだと主張し、神は「玉座に座さなければならない」が、しかし、それは神独自の方法によると述べた。一方、その反対派は、『コーラン』四二章九節の「こんなお方はほかにはない」を引用しつつ、神は人に似ていると言うことの罪は、あらゆるものをそれが神であるかのように神と結びつけることと同じくらいに大罪であると主張した。『コーラン』の言葉を比喩的あるいは暗喩的な意味以外に理解しようとした者もいたが、イブン・ハンバル（八五五没）は、神を人間の理性と理解の範囲内に持ってこようとの努力に抵抗しつつ、一つの方法を考えた。私たちは、神を、顔、手、玉座などのように神が選んだ言葉による啓示によってのみ知ることができる。私たちは、神の本質を知ることはできない。したがって、私たちはこれらの似たような表現の言葉を、それがどのように適用されるかは問うことなしに、使わざるをえないのであるとハンバルは述べた。

この種の論争も、『コーラン』が天国にある「啓典の母体」をこの世に伝えたものであるという信仰には影響を与えなかった。こうして、『コーラン』は神および神の意志をはっきりと知らしめたので、イスラム教の信仰と実践の争う余地のない基盤となった。しかしながら、ユダヤ教における「トーラー」と同じようなことがここでも発生した。『コーラン』は生活のあらゆる面について触れているわけではない。特に、世界は絶えず変化しており、『コーラン』も解釈され、適用されなければならない。この『コーラン』の解釈と適用を行なうにあたり、決定的に権威を持ったのが、ムハンマドの言ったことと行なったことを記録したひとまとまりのハディース Hadith として知られる多くの伝統である。

『コーラン』とハディースを基にして、さまざまなシャリーア sharia（聖法）の学派が生じた。シャリーアとはもともと「ラクダが水場へ行く道」を意味し、シャリーアの各学派は、イスラム教徒が人生において従うべき道についての詳細な説明書を作り上げた。またその学派も、その内部において他よりより厳密、あるいはより字義通りであるなどの度合いで互いに異なっていた。しかし、シャリーアという意味において、イスラム教徒は途絶えることのない神の現前においていかに生きるべきか正確に知ることができる。神の常在はズィクル dhikr を通して確保される。ズィクルとは『コーラン』の中で神への集中として「神の名を唱える」よう命じられており、ムハンマドも「最も優れた祈り」であると呼んだ(34)。

イスラム教徒は、当然ながら、多くの面で頻繁に過ちを犯すことを自覚している。『コーラン』には人間の欠点や罪を指す百以上のさまざまな言葉があるが、神は根本的に慈悲深いと信じられている。『コーラン』そのものも「慈悲深く慈愛あまねきアッラーの御名において」で始まっている。神が、慈愛に満ちた行為として、人々に行為と信仰の正しい道を思い起こさせ、さらに、自らの間違った生き方を正すよう預言者を繰り返し送ってきたのは、そのためである。自分自身で間違いを正すことは緊要である。なぜなら、終末のとき、すべての人々の最後の審判では、神は各人の行ないの重さを厳密な天秤で測り、それぞれに応じて褒賞と罰を与えるからである。

啓典の民

イスラム教の信仰では、はるかな昔からあり、創造されたものではない『コーラン』は、たとえそれが伝道者や預言者たちの時代の環境に偶然に関係していることがあっても、以前のすべての伝道者や預言者たちが神から受け取り、伝えた同じ教えを意味している。したがって、『コーラン』は、ムハンマドの人生に偶然に起きた特定の戦いに言及しているが、その戦いの勝利あるいは敗北から得られた教訓は偶然のものではなく、時間を超越したものである。同じような神の教えを伝えたムハンマド以前の預言者の中には、モーセやイエスがおり、『コーラン』の中にはユダヤ教やキリスト教の物語が含まれている。しかし、それはユダヤ教の「タナハ」やキリスト教の『新約聖書』にある物語と同じではない。

こうして、ムハンマドは、預言者の長い系譜の最新の者だと自分自身では信じたが、しかし、彼は最後の預言者と見なされるようになり、イスラム教徒の中では最後の預言者として知られる。それは次のような信仰によるものである。ムハンマド以前のすべての預言者の場合、人々は教えを他のあらゆる種類の物語と混同したり、汚したりしたからである。

例えば、物語は預言者について、キリスト教の福音書では、同じ教えを含んでいるが、それがイエスとその弟子たちについての物語と交じり合っているのである。

一方、イスラム教の信仰では、『コーラン』は完全にこれとは異なっている。なぜなら、それは他のどんなもの、ムハンマドの発した言葉とさえ、決して混同されることはない。ムハンマドの言葉は、常にハディースの中に『コーラン』とは分けて記録されている。ハディースもイスラム教では大きな権威を持つが、しかし、決して『コーラン』と混同されることはない。ハディースの中の神が発した言葉の記録（聖なる伝承）でさえも、『コーラン』と間違われることはない。

過去において『コーラン』を授かった人たちは、たとえその取り扱い方を誤ったとしても、その資格は認められる。この人たちは啓典の民（アフル・アルキーブ）と呼ばれ、『コーラン』はイスラム教徒に彼らを尊敬するよう求めている。ムハンマド自身も、「ユダヤ教徒あるいはキリスト教徒に害をなす者は誰であれ、最後の審判の日にその告発人になっている私に会うだろう」と語った。しかしながら、同時に、ユダヤ教徒やキリスト教徒がムハンマドを自分らの預言者の長い系譜の中の一人として認めることを拒否したら、また、彼らのうちの誰かがムハンマドを排除し、彼と戦った場合には、イスラム教徒はムハンマドを守って彼らと戦うように『コーラン』には説かれている。

したがって、『コーラン』は、イスラム教徒に対して特別な状況においては対決を許し、また命じている。しかし、イスラム教徒、ユダヤ教徒とキリスト教徒は、長い間互いに平和だけというわけではないが、科学や学問の分野だけでなく、協力し合ってきた。当然のことだが、『コーラン』における神の性格づけの中には、特に神の唯一性についての妥協不能な主張など、ユダヤ教徒やキリスト教徒が認めるものがたくさんある。神が唯一であること（タウヒード）はイスラム教信仰では根本的なものである。リズンは次のように主張している。「それが神学的あるいは政治的あるいは社会学的なものであれ、もし、イスラム教の一番の原動力を一言で言い表わせる言葉があるとすれば、それはタウヒード（神の唯一性）である」。イフラース（純正）と呼ばれる『コーラン』の第一一二章は極めて根本的かつ深遠なものなので、悔悟の念をもってそれを称える者は、あたかも木が秋になると葉を落とすように、自らの罪を洗い流すとされている。[35]

告げよ、「これぞ、アッラー、唯一なる神、
もろ人の依りまつるアッラーぞ。
子もなく親もなく、
ならぶ者なき御神ぞ。」

このイスラム教の文脈では、しかし、キリスト教の言う「父」と「ひとり子」は文字通りにとれば、ありえないことになるが、キリスト教徒は文字通りにとってはっきりこれに同意するだろう。しかし、イスラム教徒はキリスト教の三位一体説についてはデビッド・トーマスが言うように、「当初から疑問を発している。どうして絶対である神が妻と息子を持つことができるのか、また、どうして三つのはっきりと異なる人格がそれにもかかわらず一体でありうる

のか？」[36]。イスラム教の信仰では、『コーラン』だけが、神の本性と特徴を明らかにしているのである。それは、ちょうど『コーラン』が個人、家族そして社会が信じなければならないこと、また、どのように信じなければならないかを示しているのと同じである。

神の意志

『コーラン』（八一章二七—九節ほか）によれば、人には「正しい道」を歩もうと意志して行動する責任がある、しかし、神がそうするように意志しなければ、人はそうすることはできない。こうして、神の意志を地上において実現することがイスラム教徒の責任となっている。このことは、イスラム教徒がよく言う「インシャラーアッラー（神の思し召しのままに）」という言葉に表わされている。

イスラム教徒は、シャリーア（聖法）を参考にしつつ、『コーラン』とハディースを基にして神の意志を判断しようとするが、それは彼らすべてが厳密に同じような生き方をしているとか、どうすれば神の意志が実現するかについて必ず同意見であるということを意味するわけではない。イスラム教徒のスンニー派とシーア派の間の分裂は現在の時点では明らかであり、しかも、スンニー派の内部においてもシャリーアについて四つの主な流派がある。それぞれの流派は、いかにムハンマドと後継者の生涯を文字通りに現代に再現し見習うべきかについて、派独自の見解を持っている。

さらに、別の例をあげるとすれば、多くのイスラム教徒は献身と従順により神に近づこうとするスーフィー sufi（神秘主義者）である。スーフィーは神との直接的かつ人格的な体験を求める者で、互いに非常に異なる修行と実践に関しての多くの流派あるいは伝統がある。しかし、それにもかかわらず、彼らの共通の目的は、最も偉大なスーフィーにして詩人、教師でもあるルーミーによって次のようにまとめられている。「私の宗教は愛を貫いて生きることである」。彼は、一二七三年の日没時に亡くなる際には、「私の死は永遠との結婚である」と語った。

スーフィーは、スーフィー同士で互いに異なっているだけでなく、シャリーアを放棄しているのではないかと考える他のイスラム教徒からもしばしば疑いの目で見られた。そこでついに、アル・ガザーリー（一〇五八―一一一一）が、スーフィーの礼拝方法はシャリーアに基づいていること、また、哲学、神学とスーフィーのやり方は同じものに属していることを示した。「スーフィーであるということの意味するものは、常に神と合一し、かつすべての人々とともに平和に生きることである」。三者の間の緊張を緩和させたことで、彼は、「イスラムの証明」

と呼ばれた。

したがって、このように、イスラム教には多くの異なる形式や解釈がある。そのすべてに共通するのは、「神とは誰か、あるいは何なのか？」という問いへの答えは、『コーラン』の中に神から与えられているという信仰である。天地の創造、歴史上の出来事、および各人の人生の結果が神より生じ、神の支配と決定の下にあることが、次のように『コーラン』の中に明らかにされている。

彼（アッラー）こそ最初なるもの、最後なるもの。外なるもの、内なるもの。ああ全知なる御神よ。六日で天と地を創造し、やおら玉座に腰おろし給うたのもこのお方。地に浸み込むもの、地から湧き出すもの、天から降るもの、天に昇り行くもの、すべてを知り給う。お前たち、どこにいようとも必ず側にいらっしゃる。お前たちのすることを全部見ていらっしゃる。天も地もともに統べ治め給う。一切のものごとはアッラーのお手元に戻されて行く。夜を昼の中にはいらせ、昼を夜の中にはいらせ給う。胸の奥底にひそむ思いもみな御存知。

（五七章三―六節）

すべての物事を決める神の絶対的な力はカダル Qadr として知られる。しかし、それは人間の自由や道徳的責任とどう両立することができるのだろうか？　もし、神がすべてのことを決定するのだとすれば、どうして個人は最後の審判の日に責任を負わされることができるのか？哲学的なムゥタズィラ学派は、人間の自主性と自らの人生を制御し、自分のために天国を獲得する能力を信じたが、また、それは人間理性の完全な能力に対する信仰とも結びついていた。

しかし、このような思想は、伝統的なイスラム教徒の大多数からは拒絶された。彼らは、自分らに対する神の絶対的な支配権は『コーラン』において疑う余地のないほどはっきりしているので、神は人間のあらゆる行動と思想を創造し、あるいはその原因とならなければならないと考えたのである。したがって、神はすべての可能性を創造し、その可能性の中から選択する責任を各人に委ねると信じられた。これが獲得（カスブ）という考え方である。すなわち、神は人間のすべての行動を意志し、創造する。しかし、人間はそれを獲得することで道徳的責任を負う。「動いていようが、休んでいようが、人間の行なうことのすべては、疑いなく彼ら自身のカスブである。しかし、それを創造したのは神であり、彼らは神の意志、知識、決定、意欲によって実現したのである」(37)。

そのような責任を担い、『コーラン』における神の命ずるように生きることで、イスラム教徒は、『コーラン』の冒頭にいみじくも述べられているように、その本性が常に慈悲深い神を信じることができるのである。

慈悲ふかく慈愛あまねきアッラーの御名において……、
讃えあれ、アッラー、万世の主、
慈悲ふかく慈愛あまねき御神、
審きの日（最後の審判の日）の主宰者。
汝をこそ我らは崇めまつる、汝にこそ救いを求めまつる。
願わくば我らを導いて正しき道を辿らしめ給え、
汝の御怒りを蒙る人々や、踏みまよう人々の道ではなく、
汝の嘉し給う人々の道を歩ましめ給え。

（一章一―七節）

道を踏み迷う方法はたくさんあるが、その中でも最悪なのがシルクshirk（多神崇拝）とされる。実際には、神を偶像のかたちで崇める偶像崇拝は根本的な罪であり、それに対しては、ムハンマドがメッカの偶像を根絶するまで戦ったのだった。八世紀以降のイスラム教徒の征服に

より、インドに赴いたイスラム教徒たちは、インド人の間で行なわれている偶像崇拝とおぼしきものを目にすることになった。そこでは、男神や女神の偶像が大変はびこっていたために、イスラム教の伝統では、偶像崇拝はインドで始まりそこからアラビアにもたらされたと広く語られている。イスラム教徒は偶像は見つけ次第どこででも破壊すべしとの神の命令を無視することができなかった。一三世紀のインドの歴史家ジアウディン・バラニは、デリーのスルタン朝の法廷における一人の狂信的な説教者の記録を残している。

為政者たちには、イスラム教のための安全な避難所を作る義務がある。その義務は神のために、また真のイスラム教を守るために、為政者たちが反抗、不信、多神教、偶像崇拝を完全に滅ぼしてしまうまでは果たされたことにはならない。もし、為政者が多神教や反抗をそれが根深いために、あるいは、無神論者や多神教徒を数が多いために完全に根絶できなくても、それはまだ、賞賛に値するとされるだろう。もし、イスラム教のために、真のイスラム教のための安全な避難所を作るために、多神教徒で偶像崇拝者であるインド人を侮辱し、恥をかかせ、苦しめ、笑いものにし、けなすことで為政者が全力を尽くしたのであれば。(38)

アクバル帝（一五四二―一六〇五）以外にも、インド人の信仰に前向きで、彼らを『コーラン』の民の中に取り込もうと努力したイスラム教徒はいた。しかし、インド人を多神教で偶像崇拝と決め付けたこれらのイスラム教徒は正しいだろうか？　それはインド人の神に対する信仰の正しい評価だろうか？

第六章　インドの宗教

イスラム教徒が侵入したインドは単一な世界ではなかった。もっとも、宗教的意味では、インド全体が無数の巡礼地と結びついた一大聖地と見なされていたのではあるが。ともかく、インド人の宗教的信仰と行為は極端に多種多様である。そのことが、インド人の宗教を表わすヒンドゥー教 Hinduism という言葉が誤解されうる理由である。ペルシア語にヒンドゥー hindu という言葉が現われ、それはインダス河 Sindhu の川向こうに住んでいる人を指すものであった。ヒンドゥー教という用語は、一九世紀にイギリス人によってインド半島の宗教と文明を指すために採用されたが、もし、それが、信仰と実践に統一があることを意味するとすれば、それは誤解を招くものである。

基本となる信仰

事実、他の宗教に比べ、インドの宗教はどちらかと言えば、多くの異なる成員からなる大家族により近い。この家族は、最も重要なことにおいて似ており、家族の異なる成員はしたがって多くの共通点を持っている。例えば、人々は、各個人の中にあるアートマン Atman と呼ばれる永続し不死なる自我は、あらゆる現象の源である真に存在するブラフマン Brahman と異なるものではないと信じている（古代においてはそうではなかった）。アートマンは、解脱 moksha に達する道を見出すまでは再生 samsara の輪をめぐり、何度も生まれ変わる。再生の過程は非常に長く、それは業 karma に支配されている。業とは道徳の世界における自然の法則であり、定まった結果をもたらす物理世界における自然法則（例えば万有引力の法則）のように正確に、再生に際してより善い、またはより悪い結果をもたらす。業は再生の過程を通して結果へ導く。人間として再び生まれることは、再生の輪を破る稀有な機会であり、そこで解脱、すなわち解放を達成するのである。

この大家族の成員たちは、それについて多くの異なる解釈があるにもかかわらず多数の信仰を共有している。そのような異なる解釈が組織づけられたのがサンプラダーヤ（伝統）として知られている。そこでの相違は深刻となる可能性があり、私たちが「家族の口論」とでも呼ぶようなライバルや不一致へ発展することがありうる。その結果、家族の一部は過去において、自分自身で生計を営むために分離独立した。ジャイナ教徒と仏教徒がその初期の実例で、彼らは結局、別の宗教となった（後に触れるように、神理解が原因である）。それにもかかわらず、後に残り、家族を成した人たちは、ジャイナ教徒と仏教徒を依然として家族、つまりヒンドゥー教の一員と見なしている。インドの哲学の分類では、六派哲学がアースティカ（正統）と認められ、ジャイナ教徒と仏教徒と唯物論者の三つは『ヴェーダ』を神から与えられたものであると認めなかったために、ナースティカ（虚無主義者、否定する者）と見られた。

このようなすべての事情から、インドの神理解や神の性格づけは極めて多様であり、本書のような小さなものは言うまでもなく、非常に大部な案内書ででも要約することは確実に不可能である。しかし、その多様性は、決して遺憾なことではなく、むしろインドの神理解にとっては根本的かつ必要なことである。やがて、私たちはインドすなわち偶像崇拝と見なすことが根本的な誤解であることに気づくことになる。

インド人の神に関する想像力の驚くべき多様性は、崇拝、祭式、瞑想、音楽、美術、建築その他における生命力に満ちた一大展開において表わされている。しかし、単にある種の基本的な信仰だけではなく、「ダルマ」として一般に知られている共通の実践および社会組織を広く受け入れているという意味において、その多様さは一つに結ばれている。ヒンドゥー教と呼ばれるようになった信仰に対する一般的なインドの呼び名はサナータナ・ダルマ（永遠の法）である。ここで言うダルマとは、大まかに言えば「適切な行為」を意味する。それはあらゆる状況におけるそれに関わる個人や人々にとっての適切な行為のことである。例えば、アヒンサー（不殺生、非暴力）と生命の尊重は最高の道徳律であるが、兵士にとってのダルマは戦うことである。

サナータナ・ダルマは、個人が再生の鎖から永遠に脱するために努力するべきさまざまな方法の基となっている適切な行為の一種の見取り図みたいなものである。その方法はマルガ（道）として知られ、解脱へ導く三つの道にまとめられている。最初の二つは、人生を浄化に導く祭式や犠牲などの行為の道であるカルマ・マルガ（行為の道）と、知識、洞察と理解の道であるジュニャーナ・マルガ（知の道）である。第三の道は、バクティ・マルガ（信愛の道）で、神への献身を愛する道である。

崇拝と見神

ところで、私たちが始めた、神とは誰か、何か？　という問いへ立ち戻ってみよう。インドでは、これに対する答えの一番目は、人々が神と直接に接触する機会にある。ダイアナ・エックが見たように、インドにおいては、「神と出会う」ことは難しくはない。「インドには、神の栄光と現存を示せないようなものは何一つ存在しない。一人の知恵者、一頭の牛、一本の木、一株のバジル、一塊の土でさえそうだ。」(39)

知恵ある人の中ではグル（師）が中心的役割を演じている。グルは神への導き手であり、一般に伝統の長い系譜のなかの最新の人で、なかには現実に現われた神、つまり神の化身だと見なされる人もいる。グルのほかに、インドには神が人々の前に何らかの姿で現われている多くの場所や現われる方法がある。人々はその現われた姿やかたちを通して神に近づき、それと認めることができる。例えば、神の多くの像は特に寺院やその壁面に見ることができる。そのおのおのはそれなりに神の顕現（エピファネイア）である。降誕節に神がキリストとして顕現したとキリスト教徒が信じるように、ギリシア語 epphaneia エピファネイアは顕現を意味する。

インドでは、神の顕現はそれを見ようとする人はどこでも見ることができる。崇拝を指す大事な言葉は、ダルシャナで、「見ること」を意味する。崇拝の儀式はプージャーと呼ばれるが、神との関わりはダルシャナであり、美術史家ステファン・ホイラーの言うように、それは直接的に見ることと、見られることである。

プージャーとは、祈り、歌詠、儀式などによって男女の神々への崇敬の念を表わす祭礼である。インド人にとって、プージャーの本質的な目的は、神との霊的な交わりである。祈る人は、これによって本人と神との間に直接的な接触が確立したと信じる。このような接触の多くは、自然物、彫像、祭具、絵画、印刷物などを通して促進される。そのようなものが社や寺院に奉納され設置されると、それは聖化され、神の宇宙的な力が与えられるよう勧請される。いずれのプージャーの主な目的も、このような神との個人的な接触の感情である。ダルシャナは「神を見ること、見られること」とサンスクリットでは文字通りに訳されているが、それは、祈る人が男女の神から認められたことを受け入れる瞬間のことである。ダルシャナはさまざまな方法によって達成されるだろう。しかし、それがどのような方法であっても、ダルシャナは祈る人々に平和と恵みをもたらし、それを通じて、イ

ンドの人々は奇跡が可能であり、しばしば起こると信じる。(40)

目に見えるように表現されている神の顕現を描いた多様なかたちは、表面的には多神教の偶像崇拝に見えるかもしれない。しかし、これらの神の顕現のかたちは、その背後にある目的に達する手段である。神の顕現は、北西インド地方に紀元前一五〇〇年頃に現われたインドの宗教の当初からの聖典である『ヴェーダ』にまでさかのぼる。「現われた」という表現は、この『ヴェーダ』聖典は人間によって書かれたり、編纂されたものではなく、それ以前から存在し、「見る人」である仙人によって見出されたと信じられている事情を指している。

『ヴェーダ』と神々

ヴェーダの宗教は供犠と祭式を基にしており、それに『ヴェーダ』がさまざまなかたちで関わっている。有名な『リグ・ヴェーダ』として知られているものは、祭式に用いられる賛歌と歌詠の集成であり、『ヤジュル・ヴェーダ』は供犠の実施法を示しており、他の『ヴェーダ』は供犠の意味を説明し解釈している。供犠を執り行ない差配する祭りの専門家はバラモンとして知られており、そのために、『ヴェーダ』に由来する宗教はしばしばバラモン教 Brahmanism としても知られる。

賛歌と供犠が捧げられるのは天（デーヴァ Deva）として知られ、地上はるか上方の世界に住む天空神である。デーヴァはしばしば神と訳されるが、デーヴァとデーヴィという言葉は、ディアウスとダエヴァと関係があり、人間を超えたものに由来すると思われる多くのものに対しても用いられる。神という言葉の意味は確かに単純なものではない。天空神たちは人間的な感情や欲望を持っており、彼らに捧げられる供犠の祭りの饗宴に招待されることもできる。

天空神は人々が住む世界、特に人々を助けたり、あるいは人々が生き抜くのを妨げたりする自然現象に密接に関係している。例えば、天空神の一人アグニ Agni は火と関係があり、アディティ Aditi は地母神、ウシャス Ushas は暁に起き、太陽の明るさと温かさをもたらす。『リグ・ヴェーダ』には次のように述べられている。「ウシャスは暗黒を駆逐しつつ光明を創造せり」（七・七七、辻直四郎訳、岩波文庫、以下同じ）。

天空神たちは自然現象の人格化であると一時は見なされたこともあったが、しかし、それは単純化しすぎである。ヴェーダの信仰では、原始の未分化の「音」が宇宙において形を成したものとされており、それはちょうど私たちが、宇宙のビッグバンによって得られたエネルギーが、宇宙の多くの構造物に放出されたと語るのと同じようなものである。天空神は、宇宙の根底にあって展開する秩序を保っている原初の存在が、さまざまに顕現したものであり、天空神の中の最高位の英雄神インドラでさえ、多くの異なる姿で現われた顕現の一つでしかない。インドラは多くの面を持つとされるが、そのいずれも同等と見なされている。したがって、天空神は、一者がさまざまに異なる姿で顕現したものである。「音」は言葉として顕現し、言語の女神ヴァーチュVacとして知られ、ヴァーチュは他の天空神を経由して語られている。「われ（ヴァーチュ）は、法の神ヴァルナと太陽神ミトラを担う、われはインドラ、火の神アグニ、アシュヴィン双神を担う」（『リグ・ヴェーダ』一〇・一二五）。

このことは、顕現としての天空神たちはそれぞれ異なる名前で呼ばれるかもしれないが、彼らは「存在するもの」の表現であることを意味している。

人はそれをインドラ、ミトラ、ヴァルナ、
アグニと呼ぶ。されどそは翼美しき天的鷲（太陽）なり。
詩人たちは唯一なるものをさまざまに名づく。
アグニ、ヤマ、マータリシュヴァンと彼らは呼ぶ。（『リグ・ヴェーダ』一・一六四・四六）

もし、天空神たちが原始の存在の顕現というように理解されているとすれば、その役割を変えることができないように固定されている神は一人もいないということは驚くようなことではない。それが、バラモン教が発展するにつれ、あたかもユダヤ教のＹＨＷＨ（ヤハウエ）がＥＬ（エル）に代わったように（第三章参照）、継続的な変化の過程があり、一人の天空神が他の天空神に取って代わられるということさえ起こった理由である。インドラ（英雄神）、ヴァルナ（司法神）、ルドラ（暴風雨神）はすべて『ヴェーダ』では重要であったが、後代にはその重要性を失う。例えば、ルドラは、シヴァの単なる異名となっている。そのシヴァは『ヴェーダ』ではルドラを幸運なものとして描く言葉としてのみ登場するにすぎなかったのである。

さらに劇的でさえあるのは、バラモン教が北西インドからインド全土へ広がったために、『ヴェーダ』の神々の顕現が、インド各地の在来信仰と結びつき、このことが神の性格づけを完全に変化させたことである。

南インドでは、特にタミル人の間に、神の理解について大きな影響を及ぼすこととなった。一例をあげれば、タミル人は神的性質の範囲内にあるすべてのものをティヴァムと呼ぶ。ティヴァムは、神が現われるいろいろな姿、特にいわゆる童子神ムルガンとして顕現する。このムルガンは、ティヴァムの特徴である美と不滅の愛らしさであるムルクの顕現したものである。バラモン教は、南インドに伝わった時点で、この童子神ムルガンを排除せず、スカンダとして知られる暴風雨神ルドラの息子として、いわば神々の家族の中に取り込んだ。しかし、タミル人はムルガンを神の一人と見なし続けており、彼ら独自の教典を「五番目の『ヴェーダ』」とさえ呼んでいる（『ヴェーダ』にはリグ、ヤジュル、サーマ、アタルヴァの四種がある）。

この神理解の発展と変化の過程は、置き換えというよりはむしろ吸収、同化、拡張である。それは専門的には再文化適応として知られる。バラティはこれを「ピザ効果」とうまく表現している。つまり、飾り気のないシンプルな温かく焼いたパンが、カラブリアやシシリーからアメリカへ伝わり、そこで巧みなトッピングを加えられてイタリアへ戻され、ピザの意味が変化したようなものである。[41] このような過程は、ヴィシュヌ神とシヴァ神の強力な性格づけを実現した。天帝ブラフマーとともに、ヴィシュヌとシヴァの三者は、ブラフマーが創造者、ヴィシュヌが維持者、シヴァが破壊者としてしばしば、ヒンドゥー教の三位一体と呼ばれるようになった。神の顕現として、彼らは、循環、定常を保つ宇宙の過程、その始原、発生、滅亡、破壊の終わることのない連続を調整する。さらに、神々のために神々が自分の力ではできないようなことをやってくれるマハーデーヴィー（大女神）をも生み出した。

ヴィシュヌとシヴァはインド全土で広大な人気を得た。二つとも多数の信者を集めた結果、ヴィシュヌ派とシヴァ派として知られる信仰と実践を備えた独自の宗派に発展した。しかし、ヒンドゥー教から分かれたジャイナ教や仏教とは対照的に、ヴィシュヌ派とシヴァ派はヒンドゥー教の一員として留まった。ジャイナ教と仏教は『ヴェーダ』の権威を拒否し、同時に、デーヴァへの信仰、および神々への供犠が恵みをもたらすという信仰も否定した。しかし、ジャイナ教も仏教も無神論的ではない。インドの仏教学者マーラシンハによれば、「初期の仏教は、同時代の宗教思想から得た神についての宇宙論的考え方と折り合いをつけていた」が、後代にはさらに神々を増やし、それに対して祈りや犠牲が捧げられた。(42) 仏教で否定されたのは、この宇宙あるいはそれ以外の宇宙から独立して存在する創造者、自らは創造されない万物の創造者に対する信仰である。仏教では、デーヴァや他の天界の存在のような神々も、おのれの覚醒と解放の長い再生の過程にあって、再び生まれることを求めているより高い段階にある存在にすぎない。

ヴィシュヌ

ジャイナ教徒や仏教徒とは対照的に、ヴィシュヌの信者は、ヴィシュヌを最高神イーシュヴァラであり、それは、完全に超越しているが、万物に浸透し、したがって内在し、遍在していると信じている。つまり、ヴィシュヌはすべての人間に内的な導きや制御を行なう内制者として現われる。その超越性は、特に寺院や神像における似姿つまり化身として表現され、内在している。神像あるいは似姿とは、肉化を意味し、神像は作られ、魂を入れられ、宇宙のエネルギーを吹き込まれて、非常に注意深い規則によって取り扱われる。神の出現は恒常的であったり、あるいは、特定の祭りや祭式によっては一時的であることもある。

肉化はアヴァターラ avatara として知られる顕現のかたちで起こる。アヴァターラは、生きた動物や人間の姿での神の顕現であり、「降下」を意味し、化身と訳されることもある。ヴィシュヌの場合、多くの化身があり、中でも仏教の開祖ブッダを含む一〇種類の化身が重要とされるが、最も尊ばれたのはラーマとクリシュナとしての化身である。

ラーマは、偉大な叙事詩『ラーマとクリシュナ』の英雄であり、ラーマの言葉と行為はダルマ（道徳）の意味を体現している。インドの七大聖都市の一つであるアヨーディアはラーマの故郷だったので、一九九二年にはそこに建てられたイスラム教のモスクが怒ったヒンドゥー教徒によって破壊された。一方、クリシュナは献身と愛に重点を置いており、およそ六―九世紀の南インドのヴィシュヌ派の一派であるアールヴァールたちの詩に最もよく表現されている。

見よ！　神の使いがいる。
地上の人々の間をどこでも走り回り、競争し、
神を讃えて踊り、そして歌う。(43)

クリシュナの愛の恍惚状態は、一人の男性と女性の間の愛の完成において垣間見られ、予見されるが、実例として、クリシュナとその恋人ラーダーとの愛、つまり献身の最終目標である神と人間の間の合一において表現される。化身としてのクリシュナを通じて、ヴィシュヌは、『バガヴァッド・ギーター』において、自由へ至る三つの道と神との合一へ至る愛を至上とするバクティ（信愛）との相互関係を明らかにしている。

アルジュナよ、それは最高のプルシャである。しかしそれはひたむきな信愛
（バクティ）により得られる。
万物はその中にあり、この全世界はそれにより遍く満たされている。
（『バガヴァッド・ギーター』八章二二節、村上勝彦訳、岩波文庫、一九九五年、以下同じ）

その合一において神は完全で寛大な愛を与える最高神バガヴァンとなり、その見返りとしてその愛に対応する愛を喚起する。それに愛をもって応える者はバガヴァタとして知られる。この愛の高揚は、ヴィシュヌが化身として顕現する多くの様態について語る『バーガヴァタ・プラーナ』において強力に表現されている。同書の一〇章はクリシュナ伝説を集めて「ピザ効果」を例示しており、一一章は神の正しい崇拝の仕方について教えている。

わたしのかたわらに神はあり、時を超えて、真実の愛の主。
神のなかに、喜び、完成、私が望んだすべての富がある。
（『バーガヴァタ・プラーナ』一一章三節）

このような合一は、ヴィシュヌとその后の恵み深きシュリーとの関係においても見られる。シュリーは女神として多くの姿で現われ、また独立して崇拝されるが、ヴィシュヌとの合一では、彼女はヴィシュヌがその身体に帯びている消すことのできない印であるシュリヴァッサと呼ばれる無数の結び目の不可欠の一部を成している。この二神一体に対する信仰は、シュリーヴァイシュナヴァ派として知られるはっきりした伝統に発展した。

シヴァ

シヴァは広く信仰されているが、それは神についてのそれまでの性格づけが広まりながら、同化しつつ変化したというピザ効果の格好の実例である。シヴァ信仰はインド全土に広まる以前には、ヒマラヤ地方で始まったようである。シヴァは、『ヴェーダ』にはほとんど現われず、例外的に幸運をもたらすとされるルドラの異名として登場するだけである。「ウパニシャッド」(『ヴェーダ』思想の解説書で奥義書とも言われる。およそ前六〇〇年頃以降に成立)の時代までに、シヴァはルドラに取って代わっている。「シュヴェーターシュヴァタラ・ウパニシャッド」では、シヴァはルドラと同一視され、シヴァはブラフマーやヴィシュヌさえも従える最高神となっている。ヴィシュヌ派信者にとっての『バガヴァッド・ギーター』と同様に、シヴァ派信者にとって「シュヴェーターシュヴァタラ・ウパニシャッド」は神聖かつ尊いものである。

ルドラは独一なり。第二の者の存在を許さず。彼はその支配力によりて万有を支配す。……一切方に眼をもち、一切方に顔をもち、一切方に腕をもち、一切方に足をもつ独一の神は、天地を創造するとき、両腕をもって、翼をもって煽ぎて……。ルドラよ、汝の吉祥なる姿、恐ろしからず、醜からず、恵深き姿をもって、われらを照覧せよ、山に住む神よ。山に住む神よ、汝が射んとして手に持つ矢を吉祥なるものたらしめよ。山を守護する神よ。人間、生類を害うことなかれ。

（「シュヴェーターシュヴァタラ・ウパニシャッド」三・二―六、辻直四郎訳、筑摩書房）

シヴァは最高神となったので、『リグ・ヴェーダ』においてルドラが破壊的な自然の力を現わし、したがって恐れられたことに同化し、シヴァは確かに破壊的であることもできた。しかし、今や、シヴァはこの自然力を導き、制御することもでき（その信者には恵み深く）、まさに恵み深き神として知られる。シヴァは恐ろしく、かつ恵み深い死の神であるが、同時に生命の源の神でもある。

シヴァの力は「ウパニシャッド」の表現に見られるように多くのシンボルで表わされるので、神の性格づけの目に見える目録になっている。同じようなやり方でシヴァは多くのムルティ、すなわち神の似姿で崇拝されている。その有名な例は、シヴァのナタラージャ nataraja としての像である。ナタラージャは、時間と創造の舞踊王であり、宇宙を維持し破壊する。一方の手に宇宙を産み出す太鼓を、片方の手には宇宙を破壊する火炎を持ち、その身体を取り巻く火炎は最強のエネルギーを表わしているが、それは火葬の火でもある。

シヴァの多くのシンボルの中でもリンガ linga は最も重要である。リンガとは男性の生殖器ペニスのことであり、しばしば、それに対応する女性の生殖器であるヨニ yoni と一対で寺院などで見ることができる。リンガとヨニは一対になって万物を産み出す根本的な力の象徴である。

南インドでは、シヴァはヴィシュヌやクリシュナと同様に、バクティ信仰の中心となり、六世紀以降に活躍した六三聖人を描いた最高の讃歌を生んだ。広く知られた諺に、「この讃歌を聞いて心を動かさないような人には、どんな言葉も通じない」というものがある。シヴァ信仰は、また、彼ら自身の伝統であるシャイヴァ・シッダーンタ派やヴィーラ・シヴァ派などを生んだ。この後者はリンガーヤタ派とも呼ばれている。それは、彼らが唯一の祈りのシンボルであるリンガの輪を首に掛けているからである。それは、それを掛けている信者の身体を寺院に変え、その結果、どこへ行っても神が常に現われていることになるからである。

シヴァはヴィシュヌと同様に、それ自身の化身を持つが、ヴィシュヌ派信者にとってヴィシュヌが決定的に重要であるほどには、シヴァ派信者には化身は重要ではない。また、ヴィシュヌ同様に、シヴァも后を持つが、シヴァとの関係で言えばその后たちはシヴァの活動や力の原因となっている。例えば、シャクティ（性力）はシヴァの創造を可能にし、パールヴァティ（山に住む女神）は、シヴァが秩序と平和を保てるようにし、カーリー（時の女神）は、シヴァが破壊するのを可能にする。彼女らなしでは、シヴァは何事もできず、したがって、シヴァは大事なことでは彼女らに従属している。

マハーデーヴィー（大女神）

やがて、人々は一人の女神に従属するようになり、それは、男神や女神を含むあらゆる存在の源にして始まりである大いなる女神マハーデーヴィーである。これこそ一神教、より厳密に言えば一人の女性の最高神を信じる唯一女神教 monotheasm である。彼女は、宇宙の支配者、あらゆるエネルギーの源つまりシャクティ（性力）である。彼女の信奉者はシャクティ派として知られる。男の神々は彼女から力を得ており、彼女、つまりシャクティ無しでは男神は不能である。多くの場合、男神たちは、自分だけでは成しえないことを実現するためには彼女に懇願しなければならない。彼女が座している玉座は、ブラフマー、ヴィシュヌ、シヴァの別名であるルドラとイシャナの屍によって支えられており、玉座の床はシヴァの別名であるサダシヴァの屍という具合である。

マハーデーヴィーや彼女が宇宙の創成と破壊のエネルギーであるシャクティとして顕現した姿は、タントラとして文字通り強力に広く信仰され実践されている。タントラには多くのかたちがあるが、基本的には、自分の身体を宇宙の力と聖なるエネルギーがそこを通じて実現されるものと理解し、使用する。すなわち、大女神との合体の激しいエクスタシーが実現できるのは、身体の中であり、身体を通じてである。性力派とタントラ派の両派の信者にとっては、大女神マハーデーヴィーは他に代わりのない唯一者である。

わたしのうちに、この全世界はあらゆる方向に結ばれており、

わたしは主であり、宇宙の霊である。わたしは自分自身が
宇宙の身体である。
わたしは、ブラフマー、ヴィシュヌそしてルドラ、そしてまたガウリー、
ブラフミー、ヴァイシュナヴィーである。
わたしは、太陽、星、そして星々の主。
わたしは、さまざまなけだもの、鳥であり、また、アウトカースト、
盗人である。
わたしは、悪事を働く者、不正をなす者、また、正義の人、道徳者である。
わたしは、確かに女であり、男であり、同じく無性でもある。
あなたが見聞きするいかなるもの、いかなる場所においても、すべての
ものの中にわたしは遍在し、いずこにも、内にも、外にもわたしはいる。
動くもの、動かぬものでわたしがいないものは、一つもない。
もしそうでなかったら、それは石女の児のような空事だろう。それは
あたかも、一本の縄が蛇や輪などに見えるようなものだ。
したがって、わたしは主やそれに似たものの姿で現われるが、それに疑いはない。(44)

唯一神と多くの神

ここまでの男女の神々に対するインド人の理解と性格づけについての最も簡単な紹介でさえ、巨大な何でもある宮殿の案内みたいに思われるかもしれないが、ある意味では、それは見事なものである。この全宇宙は、目に見え、拝める機会を与えている男女の神々の顕現によって出来上がっている。神の顕現した姿は、初めて見た者には当惑するほどの複雑な方法によって組み合わされたり、置き換えられたりしている。それは伝統、像、寺院の目もくらむような増殖である。ところで、イスラム教徒が、インド人を「多神教徒で偶像崇拝者だ」と呼んだことは、正しかったのだろうか？

これに答えるには、私たちは、いかに多くの異なる顕現が、それが由来する一つの源に結びついているかを理解しなければならない。再生の長い連鎖におけるどの生涯においても、信者は男か女の神へ自分自身を捧げる方法を選ぶ。そして、彼は、大きな伝統（宗派）に加わったり、あるいは特定の寺院に所属する。そして、少なくとも現世における自分の身を捧げる自分だけの神を選ぶが、しかし、公の祭りには参加し、他の神の似姿も拝む。インドでは、他の神、他の崇拝方法も平等に正しいとされる。しばしば言われるように、同じ目的にいたる多くの道があるのである。

その目的はしかしながら、同じものである。もし、インドの宗教を「宗教の一大家族」であると考えたとしたら、そこで、その末裔がいかに遠くまで拡大し、また互いにいかに違ったものになっているかを知ることができる。しかしながら、その各宗教や宗派は共通の先祖を持っていることを依然としてわかっているのである。これまで、インドのさまざまな宗教について、あらゆる多様な信仰が由来し、さまざまな方法で目指されるような一者に対し認識と崇拝での優越性を与えようとする、多くのさまざまな試みがなされてきた。

その中で有名なものが、ナーナク(一四六九―一五三九)によるものである。彼は、インドとイスラム教の神の名を、その名が真実である一者サットナムを目指すよう別の使い方をした。それは「ムルマントラ」でシク教の信仰の基礎であり、「エックオングカー(真実在があり、その名は真実であり、原因、創始者である)」で始まっている。しかし、その弟子たちのシク教徒は、ジャイナ教や仏教と同じく、ヒンドゥー教からは分離し、独立の宗教となった。

しかしながら、事実、あらゆる存在の源として一者のみが存在しうるという認識は、インドの宗教では早い段階からの共通した流れであった。そのことは、『ヴェーダ』の原初の歌やアールヴァールやナーヤナールなどの詩においてすでに見てきた。一者は私たちを探し、絶え間ない恵みにより、多くの似姿で。しかし、それを言い表わすことはできない。

彼はわたしたちの知識を超えており
これであり、またこれでなく、
彼は熱烈に望まれるような姿で現れ
しかし、それは彼の本当の姿ではない(45)

祭式や讃美の詩とは別に、インドの哲学者たちは、一者がどう多様な存在と関係しているかを説明しようとした。その哲学体系はダルシャナ（見ること、見解）として知られる。ウダヤナは、論理的分析は、「神を考える」と呼ばれるのが正しいと述べた(46)。しかし、誰が、何が一者なのか？「ブリハッド・アーラニヤカ・ウパニシャッド」（三・九・一・九）において、有名なヤージュニャヴァルキャは、神の数はどれほどかと問われ、「三三〇六」と答えた。

「はい」質問者は答えた。

しかし、本当はどれほどですか」とたずねた。

ヤージュニャヴァルキャは答えた「三三」。

「しかし、本当はどれほどですか」

「三」

「しかし、本当はどれほどですか」

「二」

「しかし、本当はどれほどですか」

「一と半分」

「しかし、本当はどれほどですか」

「一」

「どちらの一ですか」

「息である。彼はブラフマンである。人々は彼を〝それ〟と呼ぶ」。


すべての顕現や現象を生む根源的一者はブラフマンBrahmanである。ブラフマンという名前は「増やす」「強化する」という語源から来ていると一般に考えられ、ヴェーダ時代には犠牲や呪詞として知られる祭式の讃歌において機能する力を持つとされた。後には、ブラフマンはすべての力の源泉、実に、万物そして存在するすべてのものの自らは創造されることのない創造者となった。ブラフマンは、すべての男女の神々がそれから顕現する最高原理であるイーシュヴァラとして現われ、それとともに宇宙を形成しているすべてのかたちとして現われる。「タイッティリーヤ・ウパニシャッド」（三・一・一）では、ブリグがブラフマンについて父親に尋ねている。父は答える。

それから、これらの存在が生まれ、それによって生き、
その中へ死んでゆく、
それを知ろうと願え、それがブラフマンである。

偉大な哲学者シャンカラ Shankara（七〇〇頃―七五〇頃）は、ブラフマン以外には何も存在しない、属性あるいは性質というものがないブラフマンだけが存在するのみであると述べた。しかし、ブラフマンが想像力マーヤー（幻影）によって顕現するにいたった場合、属性を伴ったブラフマンについて、何かを推察することが可能となる。

ブラフマンについては二つの様式がある。一つは顕現した姿、もう一つはそうでない姿。このように変化し、また変化しないものは、すべての生き物の中に存在している。変化しないものは、超越的なブラフマンであり、変化しているものはこの全宇宙である。あたかも、火が一ヶ所に留まっており、熱と明るさを外に送るように、全宇宙は超越的なブラフマンから送られたエネルギーである。

(『ヴィシュヌ・プラーナ』一・二二)

人々が間違いを犯し、あるいは解脱を妨げる無明へ陥るのはこの点である。人々は変化している現象を見て、その現象を独立した真実であると考える。その間違いはマーヤーであり、マーヤーは今では「創造的間違い」あるいは「幻影」の意味で使われている。

知の道(ジュニャーナマルガ)によって誤解と無明が追放され、人は自分がもともとブラフマンであり、決して他のものではないのだという認識に戻ることができる。偉大な格言として知られる「あなたは、それである(タットヴァ・マシー)」とは、もしブラフマン以外に何も存在しないならば、内的自己(アートマン)はブラフマン以外のものではありえない、この自己はブラフマンである、ということである。

このような考え方により、シャンカラの説は不二一元論（Advaita アドヴァイタ）として知られる。シャンカラは神々を排除しなかった。なぜなら、ブラフマンはイシュヴァラや男女の神々の姿で現われ、人々と献身と礼拝という関係で結ばれているからである。他の哲学者たちは、人間とブラフマンの関係は、「ブラフマンとは何であるか」ということと究極的には関係していると信じていた。したがって、対照的に、シュリー・ヴァイシュナヴァ派のラーマーヌジャ Ramanuja（一〇一七頃―一一三七）は、ひたすら祈りを捧げるバクティと神との恍惚的な結合がブラフマンの本質を成していると説いた。意識は身体と関わるが、またそれから離れることができない。しかも意識と身体は同一ではない。それと同じように、ブラフマンも自己と身体に分離できないように関わっているが、しかし、それと同一ではない、と説いた。このラーマーヌジャの説は、限定不二論 Vishishtadvaita として知られる。

唯一神と多くの神々との関係についてのこういった議論やその他多くの論考は、神の寛容さの多様性を証明し強調している。すべての創造された秩序が存在するのは、神の多様性と他者性についての気ままな喜びによっている。創造は神の戯れ（リーラー）であるとラダクリシュナン（一八八八―一九七五）は定義し、「創造という行為における自発的な楽しい行為である」とした。

インドの宗教において、神の顕現は、自発的な神の寛容さの一部であり、人々に真に神との出会いが実現するように方法と似姿を用意している。したがって、インドの宗教は多神教ではない。なぜなら、それを通じて唯一神へ近づき、発見するためにいかに多くの神の似姿が存在するにもかかわらず、神であるものはたった一つしか存在しない。それは、また、偶像崇拝でもない。なぜなら、似姿や像は崇拝されず、それらは人々が神との直接の出会いへ通じる手段である。インドの人々は、標識をそれが指し示すものと取り違えたりはしない。崇拝の最終地点では、聖なる書き物はしばしば取り除けられ、像は投げ捨てられる。それは目的への手段である。最後には、神のみがあり、私たちはすでにその中に完全に没入できている。

あなたは、わたしであり、そして、わたしはあなただ。違いはない、
あたかも、金とブレスレット、大海と波のように。
あなたは、大海。あらゆるものを包み込み、すべてを知りつつ、見ている。
わたしは、大海の魚、あなたの限界をどうして知りえようか。
どこを見ても、そこにあなたがいる。
もし、あなたから離れたら、わたしは息が止まり、死んでしまう。

第七章　神を知る

こうして、雪解けが始まるころの二月九日に、この異様な人物がどこからともなくアイピング村に出現した。

Ｈ・Ｇ・ウェルズの自分を見えなくする方法を発見した男の物語である『透明人間』の第三章はこう始まる。ところが、この透明人間はすぐに一つの問題にぶち当たった。もし、誰も彼を見ることができなかったら、どうして普通の人たちと付き合うことができるだろうか？人々は透明人間の足跡を見ることはできる。彼がロンドンのオックスフォード通りに着いたとき、二人の子供が彼の泥だらけの足跡を見た。一人が、「あれを見た？」と言い、もう一人が「何？」と答えた。「どうして足跡がはだしなの、泥の中を歩いているみたい」。人々は足跡についていったが、当然ながら透明人間を見ることはできない。

着物も何かを買う金もなく、透明人間は見えないままだった。ある晩のこと、彼はやけくそになり、デパートに押し入り、着物を盗って身に着ける。朝になり、人々は店内に立っている透明人間を見つけ、反応する。「そこで、カウンターの角あたりから、〝ここにいるぞ〟という叫び声が上がった」。

この入門書は、神の不可視性、すなわち、神は目に見えないものだというところから出発したのであって、もちろん、神は性別をはるかに超越し、そして確かに人ではないから、神は見えない人であるとして始めたのではない。しかし、神は、目に見える方法であなたに紹介されることはできないという事実は依然として残っている。なぜなら、神は目で見ることのできる事物の中の一つではないので、見知らぬ人がピグウィック氏に紹介される具合に紹介することはできない。あるいは、キリスト教の神学者エリウゲナ（九世紀）は「神自身さえ何ものでもないのだから、自分が何であるかは知らない」と言っている。驚くことではないが、中世の『不可知の雲』の著者は次のように結論している。

神は、共に被造物である人間および天使の知性によっては、理解不可能である。

そのかぎりでは、有神論の宗教が常に述べるように、神は目には見えないものである。「いまだかつて、神を見た者はいない」(『ヨハネによる福音書』一章一八節)。「彼の形色は見るを得ず。何人も肉眼をもっては彼を見ず」(『シュヴェーターシュヴァタラ・ウパニシャッド』四・二〇)。「もし、誰かがムハンマドは神を見たのだと言ったとすれば、彼は大嘘つきである。なぜなら、神は〝どんな目も神へは届かない。見えない神はすべてを見る〟と語っている」(『アル＝ジャーミー・アル＝サヒーフ』一・七八・三三七)。

しかし、その場合、私たちには、確かに、一体全体どのようにして、神は私たちに知られることができるのか？　と尋ねる権利がある。いったいどうして、神は知られることができるのか？　それは、もし神が知る方法、そして知られる方法を用意したならば、その場合だけ可能だろう。こうして、〝地上〟における神の結果とされる足跡を通して、神は知られることができる、あるいは少なくとも仮説的に推論される。その足跡は、雪や泥の上の文字通りの足跡ではなく、賛美歌作者ウィリアム・クーパーが「彼は海を跨いで(He plants his footsteps)、嵐に乗る」と書いたように、隠喩によるものである。これを『透明人間』の表現を使えば、神は突然この世に侵入し、そして、目で見ることのできるような着物を身に着けた。次に、この世の街頭に降りて来て、大声で叫ぶのではなく、崇敬と崇拝による祈りと賛美により、「ここに神はいる」と語っている。

では、私たちの目に、神が本当にいると信じさせるその着物とは何なのか？　あるいは、それを隠喩的に言えば、神が知られることになる結果とは、何なのか？　それに答えるには非常に長いリストとなるだろうが、そのうち最も広く伝わっているもの（もっとも、そのすべてが各宗教に現われるわけではない）は、特に重要な次の三つのグループに集められている。

その「着物」の第一は、宇宙の「創造の美」、すなわち美しさ、秩序、信頼性、広大さなどである。それは、私たちがすでにいくつかの違った方法で見たものであり、哲学者や詩人たち、そして一般の信者たちがその着物を着た神を存在すると認めている。例えば、『コーラン』は、神を指すサインに満ちた創造を語っている。

まこと、天と地の創造、夜と昼との交替、心ある者にとっては、これすなわち神兆ではないか。そういう人たちは……創造に思いをひそめ……。

（三章一八五―八節）

宇宙の調和と美しさの中にこそ、私たちは真、善、美の絶対的な価値を間違うことなく認識することを学ぶ。その価値は絶対的である。なぜなら、それがたまたま生じる、変化し偶発的である環境がいかに違っていても、その価値はそれ自身のままであるからである。「ユークリッドのみが裸の美を見た……」のである。(47)

自然はこうして神の啓示のテクストとなる。なぜなら、価値の非偶発性（超越的環境）から、私たちはそれが由来する絶対者そして非偶発的原因を認識し始めることができるからである。すでに第二章でヘップバーンが次のように語っている。「それは善と愛の根源的な源としての神についての特別な体験である」。それが結果（足跡）の上に、それを通して神を認識することであり、それが、フランシス・トンプソンが有名な詩において始めた方法である。

おお　見えざる世界よ　わたしたちは　あなたを眺める。
おお　触れることのできない世界よ　わたしたちは　あなたに触れる。
おお　不可知の世界よ　わたしたちは　あなたを知る。
不可解なものよ　わたしたちは　あなたを捕らえようとする。
天使たちはその昔からの居場所を守っている。
石の枕をどかして　飛び始めよ。

君たち自身が遠く離れてしまったために
多くの素晴らしいものを取り逃がすのだ。(48)

第六章でダイアナ・エックが述べているように、単なる一つの石ころ、ひとかけらの土も神の啓示と発見の機会として描かれている。そこでは、神は真実かつ効果的におのれがそこに存在していること、すなわち現臨を示すために、創造の際に非常に特別かつ特殊なものを着物として身に着けたのだと広く信じられている。イエスは、すでに私たちが見たように、彼の現臨という約束を守るために、パンとぶどう酒を示し、クリシュナはバターと笛を示した。こういった明確なかたちの演技は一般にサクラメント(神聖な誓い)と呼ばれている。ラテン語のサクラメントゥム sacramentum は、もともと法廷における民事訴訟や手続きを意味し、法廷において真実を語るという厳粛な宣言から、やがて、ローマ軍へ入る新兵の忠誠宣誓の意味となり、そのことから、サクラメントゥムはあらゆる種類の厳粛な責任や契約となった。例えば、それはだだをこねている子供に対して、両親が与える約束の一種でもある。
サクラメントゥムという言葉は、ローマ人にとって、絶対的な約束と責任を意味する言葉であった。それゆえ、この言葉は初期キリスト教に取り入れられ、制定された方式の中で、人間の生活の中に存在し、それを変革する神の責任を表わすものとなった。サクラメントは、キリスト教では、「内的な霊的恵みを外部に目に見えるようにしたサイン」であると定義されている。同様のものは、他の宗教にも現われており、例えば、インドにはサンスカーラとして知られるものがある。サンスカーラは、パンディによれば、「ヒンドゥー教のサクラメントと呼ばれている。祭礼と実践を行なうことにより、信者の身体、心、知性を聖別し、その結果、信者は共同体の完全な一人前の成員となる(49)」。

神が「着衣する」、つまり認識される第二の方法は、芸術、あるいは科学、あるいは技術、あるいは私たちが互いに好む方法による霊感と呼ばれる人間との相互作用によるものである。それは、永続する創造的な作業である。もし、「着物」という隠喩が生かされるならば、預言者エリヤやムハンマドが霊感を受け、神とともに身を隠すために被った外套を通じて表わされるだろう。

このような「着物」は、神がインマネント、すなわち神がそこにいること、つまり神が行なうことのできる特別なことを認める人間と神との間の協同作業である。それは人間と神との協力から生じる。協同作業 cooperation や協力 collaboration という言葉は、文字通りラテン語の「共に働く」を意味し、さらに、終わることのない、しばしばその通りであったならば起こりえないような驚くべき結果を指している。こうして、人間は神の継続する創造における第二の動因となるのである。

さらに特殊な点では、霊感と啓示は、、発言者、作者と信じられており、したがって権威をもつ特別な神の言葉としばしば結びつけられてきた。たとえそうであっても、第二章ですでに見たように、一つの宗教における啓示は、他の啓示により矛盾しているとされることがありうる。そして、いかなる一つの啓示による神の性格づけも、時間の経過により、初期のものがしばしば後代の啓示によって差し替えられることによって変化する。それにもかかわらず、啓示の言葉は雄弁であり、神は辛抱強く、特に、人々に生きて、神を信頼して語るように働きかけ、啓発し続ける。

神が人間の目に見えるように「着物」を着る第三の方法とは、H・G・ウェルズの『透明人間』において、「この異様な人物がどこからともなく、アイピング村に出現した」ところまで、私たちを連れ戻すことになる。つまり、その着物は人間の肉で出来ており、神という異様なものがどこからともなく、超越から、イエスの場合はベスレヘム、クリシュナの場合はマトラ、ラーマの場合はアヨーディアという村へ出現したのである。それが、神が人間の姿で顕現し（当然すべての宗教、特にイスラム教では違うが）、それにより神はこの世界へ接し続けると信じられる方法である。それがトンプソンの詩が次のように終わっているわけである。

しかし
泣け　あなたの悲しい喪失は
天国とチャリングクロスの間にかけられた
ヤコブの梯子の行き来を輝かせるだろう。
そうだ　夜に　わが魂よ　わが娘よ
泣け　天国のへりにしがみつきながら
そして　見よ　水の上を歩くキリストを
ガリラヤ湖でなく　テームズ川の。

このような「顕現」は、「神の受肉」として大ざっぱにひと括りにすることができるかもしれない。しかし、イエスについて信じられていることは、クリシュナやラーマについて信じられていることとは非常に異なっている。つまり、それぞれの顕現が持っている人間の性格、実際には、彼らの助けなしでは人間は達成できないような救済を提供するとされる人間規定についての理解が大きく異なっている。

それにもかかわらず、人間に会い、人間が必要とする助けを受けるように最初に仕向けるのを主導するのは神である点においては、彼らは共通している。救済と償いを必要とする人生における場面は数多くある。「私たちはみんな疵を持っている」「私のそれはひどくなりつつある」とジェームズ・サーバー作のファンタジー『十三個の時計』の公爵は語る。また、『コーラン』にはすでに見た通り、人間の欠点あるいは罪については一〇〇以上の表現がある。『バガヴァッド・ギーター』では、クリシュナが語っている。「実に、美徳が衰え、不徳が栄える時、私は自身を現わすのである。善人を救うため、悪人を滅ぼすため、美徳を確立するために、私は世期ごとに出現する」（四章七―八節）。

では、なぜ神は途中からだけ出現するのだろうか？　なぜ、最初から最後まで常に出現しないのか？　それは神と人間は、心理学で「相違を誘導する関係」と呼ばれる、完全に異なる性質を破壊するかもしれないような強制され避け難い関係にあるからである。つまり、私たちは、自分がいる環境や他者が誰であり、何をしようとしているかの判断に従って、自分自身と他者との関係を近づけるのだということである。もし、他者が医師あるいは看護師だとしたら、たとえ裸体が見えるようにされても二人の間が職業上近づくことを許す。また、私たちは、愛する人とは、交わりにおいて裸のみならず、一体となるまで距離を接近させる。

神の顕現が明らかにしていることは、創造主と被造者の間の間隙を近づける際における神の主導性（イニシアティヴ）であり、その結果、もし、私たちがそれに応えたならば、それは完全な自己開示と愛の関係に終わることができる。それが、人間と神との関係を語る言葉や詩が、性的行為や二人の人間の間での肉体、意識、魂の完全な愛の経験によって多く描かれる理由である。完全な愛は、自分自身が完全に引き出されて他者の中へ入り、合一する（ギリシア語エクスタシア ek+stasia は「外に立つ」を意味する）エクスタシー経験である。創造は一般に神のエクスタシーとして理解されている。つまり、それは、インド神話のリーラー（神の戯れ）であり、豊かな快楽における神の他者への流出である。イスラム教のハディースに次のようなものがある。「私は知って欲しい一つの宝である。そのために私は世界を創った」。

神の主導に応じるよう招かれたとき、人間と神との間隙は完全に閉じ、その結果はヤン・ルイスブロックが第一章で次のように述べている。「アクティブミーティングと愛に満ちた抱擁」「神聖な至福の喜び」「愛と浸礼という至福の抱擁における永遠の休息」。

このような恍惚状態の愛の結合は、多くの異なった、また、しばしば、例えば、他者との愛における忘我の境地など極端な実際の結果をもたらす。そこには、神が退き、神が存在するいかなるサインもないように見える瞬間があるかもしれない。しかし、それが起きている人々は、その至福の愛の抱擁を否定あるいは忘れることはできない。したがって、神不在の暗黒かつ荒廃においてさえ、彼らは諦めることなく、神への信頼を持続する。この神不在における神への信仰は、インドではヴィラハ・バクティ（別離のバクティ）として知られている。インドの詩人ジャヤデーヴァの『ギータ・ゴーヴィンダ』の主人公ラーダーはクリシュナから離れている苦しみを次のように歌う。

長い溜息をついています。
愛の炎のように燃え上がっています。
まるで茎から外れた蓮のように、
たくさんの水滴をつけたまなざしを、
諸方に投げかけています。

（四篇九、小倉泰訳、平凡社、二〇〇〇年）

キリスト教では、十字架のヨハネの『暗夜』が知られている。それは十字架上のキリストの痛みに触れ、神との分離の苦しみを説いている。「最愛の人よ、あなたはどこに隠れたのか？

私はあなたを探し続けるが、あなたは去ってしまった」。十字架のヨハネやジャヤデーヴァやその他の数え切れない多くの人々が発見したことは、神を信頼し続けることが、光と愛へ導くということである。

おお　ともしびよ　すばらしい輝きをもって
明るく燃え盛る火
私の魂の深い穴倉まで　いっぱいの光を送ってくれる。
ひとたびは光に遮られ、ほの暗く、なにもわからなかったが
今や　その不可思議な新発見の輝きが
私の愛の喜びに
温か味と光輝を与えてくれる。(50)

愛の喜びの経験は、記憶に残るものであり。たとえ神が不在であっても、私たちは、今や前に引用した「人間の知的能力では神を理解することはできない……、神は愛によらずしては、人間の知性だけでは理解し難い」で始まる『不可知の雲』の文章を履行することができる。私

たちの愛によらずして、である。しかしながら、愛は、神について知られるあらゆることを知ることができると、意味しているわけではない。事実、神と共にあり、あの祝福された抱擁は、私たちを不可知へ、神を知ることはできないという認識へ導くものである。それは、つまり、ピクウィック氏が彼の友人たちを知った非常に限定されたやり方でさえもできないのである。イスラム教徒の「アッラーフ・アクバル」という叫びは文字通り「神は偉大なり」という意味である。神について何を言い、あるいは、考えても、それは「私たちが表現し、想像するどんなものよりも神は偉大である」というキリスト教の歴史における同じ言葉「デウス・センパー・マイオール」で常に終わらなければならない。

結局、そういうわけで、哲学者たちは神が存在すると結論づける十分な理由を示すことはできるが、しかし、文字通り神が何であるかを描くことはできないのである。多くの哲学者が、神が何でないかについてだけは自信を持って言うことができると結論している。例えば、神は、身長四フィート、肩幅三フィートではない。「神は、身体、もの、塊り、形、肉体、血でもない」とイスラム教の神学者アシュアリーは語り、さらに六〇個の否定表現を追加した。[51] もちろん「神が着ている着物」、自然という書物と顕現という書物における神の足跡などをもとにして、神については多くのことを語ることができるのは真実であり、また、神体験に基づいて多くのことが語られ、行なわれている。そういうわけで、哲学者や詩人たちは、異なる方法であるにもかかわらず、共通の言葉で神を語っている。このように神に関して肯定的に語る立場は、肯定神学 kataphatic theology として知られている。同じ土台の上で、信者たちは、一般に自らの讃歌や祈りを行なっており、それは昔から論じられ、十分に検証され、よく選別された信頼から生まれたものである。

しかし、すでに見てきたすべての理由により、「神が何であるか」は、知ることができない。神は知ることが不可能であるという特異な意味のために、神に関して肯定的な何かを言おうと試みても、それは常に必ず不十分（神は偉大なりだから）なものでなければならないので、すべて訂正され、実際に否定されなければならない。各宗教はこのことをそれぞれ異なる表現でもって認識している。例えば、ユダヤ教では「無」ayn、キリスト教では「否定の道」via negativa、イスラム教では「いかにを問わず」bila kayf、インドの宗教では「然らず、然らず」、「否、否」neti, neti などである。

キリスト教の「否定の道」は、どのような形のものも、もし、私たちが神に近づこうと望み、願うならば、神についての考えを捨て、私たちの考えのいずれも神が何であるかを描く助けには役に立たないことを悟らなければならないと強調している。肯定神学とは対照的に、このような否定的見方は否定神学 apophatic theology として知られ、その真実と重要性はあらゆる有神論的宗教において認められる。大胆な否定神学の擁護者マイスター・エックハルト Meister Eckhart（一二六〇頃―一三二七／八）によれば、私たちは、神は「善い」、あるいは「賢い」、あるいは神は存在すると言うことさえできない。なぜなら、そのような言葉は、完全に超越的な神を私たちの理解の範囲に閉じ込めるからである。

よく聞いてほしい。神は名を持たない。なぜならば、神については誰も何かを語ったり、何かを認識することはできないからである。「神は善なるものである」と言うとすれば、それは真実ではない。「善い」「より善い」「最も善い」というこの三つのことはすべて神から隔たっているからである。というのも、神は一切を超えているからである。さらに私が、「神はひとつの有（存在）である」と言えば、それは真実ではない。神はむしろ有を超えるひとつの有であり、有を超えるひとつの無である。それゆえに、沈黙し……。神についてくだくだ語れば、それはうそをつくことになり、罪を犯すことになるからである。

（田島照久編訳『エックハルト説教集』二〇〇―二〇一頁、岩波文庫、一九九〇年）

「否定の道」はいささかも神に関して否定的ではないということは間違いない。否定の道は、神が恒常的ないざないであることを確言しており、私たちを愛の中へとより深く導くので、それだけ私たちは自分自身の考えや先入見を捨てるのである。

これが、私たち自身が現在手にしている神の性格づけが、変えられ、放棄され、そして置き換えられた結果の最も深いレベルのものである。それは宗教の歴史において絶えず変化してきた。人は、愛の関係に深く入り込めば入り込むほど、他者（神）を言葉で表わすことがますますできなくなり、そこでは、愛の状況を知ることができるのみである。

それは、ヤン・ルイスブロックが「うかがい知れずどこにも例のない神の存在は、極めて暗くかつ特定のかたちを欠いている」、「あらゆる信者たちが道に迷う薄暗い場所である」、「言語を超絶した深淵」などと述べることで意味したものである。それは「不可知の雲」へ入り、その著者が語るように、「頭上の暗黒の雲に分け入り、鋭い愛の矢で厚い不可知の雲を射ること」である。しかし、それでも雲は消え去ることはない。

初めの内は何一つ感じることなく、ただ心の闇に、言わば不可知の雲に鎖されて何も分からないものです。生き方の中心に神に向かおうとするありのままの目的があることの他は何も分からず、何も感じられないと思えるのです。どんなに努力してみても心の闇と、この雲とは相も変らず自分と神との間に厳然と立ちはだかっています。頭で神を把握することは到底できず、心は神の愛の喜びを味わえず、霊魂は絶望に沈み込みます。しかし、この心の闇に溶け込むことを習いなさい。愛する神を必死に求めながら、できるだけ何度もこの闇に立ち帰りなさい。この世で神の本当のお姿を感じ、見たいと願うなら神はこの闇と、この雲の中にいられるに違いないからです。

(斎田靖子訳『不可知の雲』五三―五四頁、エンデルレ書店、一九九五年)

これが、どのような神の入門書も、大部であれ短いものであれ、案内しているところである。第一章でアリスの王様が語ったように、私たちは終点に着いた。しかし、「そこで止めなさい」という最後の指示に従うことはできない。私たちはそうすることはできない、なぜなら、確かにこの本の終わりまで来たのだが、同時にあらゆる憧れや欲望の最後の目的地である終点まで来たのである。それは、ここだけが、結局、新しい人生の出発、開始であることを発見したからである。

神は誘いであり、そしてその誘いはすべてのものに対して行なわれる。もし、私たちがその誘いを受け入れようと望むならばどうすればいいのだろうか？　私たちは祈りから始める。それは極めて単純に始まる。つまり、私たちは単にそして慎重に神の前に来て、神を意識する。「あなたは私を創り、あなたは私を支えている。この息、この瞬間はあなたのたまもの。あなたは私を知っている。私もあなたを知れるように私を助けてください」。そして、それは愛の関係であるので、それは確実に祈りの中へ、そして他者への働きかけへと浸透するだろう。そうであっても、それはほんの始まりにすぎない。

註

第Ⅰ章　神は存在するか？

（1）アウグスティヌス『告白』一巻九章一四節、服部英次郎訳（岩波文庫、一九九七年）

（2）R. Swinburne, *The Christian God*, Oxford: Clarendon Press,1994, p.125.

（3）M. Kumar, *Quantum: Einstein, Bohr and the Great Debate about the Nature of Reality*, London: Icon Books,2010,P.218.

（4）Letter to Herbert Spencer, *Life and Letters of Huxley*, , I, p.231.

（5）R. Feynmann, 'First Principles of Quantum Mechanics', in *Easy and Not-So-Easy Pieces*, London: Folio Society, 2008, p.113.

（6）C. Taliaferro, *Consciousness and the Mind of God*, Cambridge: Cambridge University Press, 1994, p.287.

（7）A. G. N. Flew, ed., *New Essays in Philosophical Theology*, London: SCM,1955, p.98.

（8）D. Bonhoeffer, *Religion without Revelation*, pp.58,62; *Letters and Papers from Prison*, London: Collins,1953.

（9）E. B. Tylor, *Primitive Culture*, London,1871, I, p.426.（『原始文化』比屋根安定訳、誠信書房、一九六二年）

（10）John Ruusbroec, *The Adornment of the Spiritual Marriage*, trans. C. A. Wynschenk, London: Dent, 1916, p.173.

(11) *John Ruusbroec: The Spiritual Espousals and other Works,* trans. J.A. Wiseman, Mahwah: Paulist Press, 1985, p.152.

(12) J. Foster, *The Divine Lawmaker: Lectures on Induction, Laws of Nature and the Existence of God,* Oxford; Clarendon Press, 2004, p.160.

(13) ボウカーの次書を参照されたし。*The Sacred Neuron*, London: I. B. Tauris, 2005, p.ix.

(14) B. Davies, *Thinking about God*, London: Chapman, 1985, p.28.

(15) D. Conway, *The Rediscovery of Wisdom,* London: Macmillan, 2000, p.134.

第二章　なぜ神を信じるのか？

(16) Galileo, 'Letter to the Grand Duchess Christina', ed. M.A. Finocchiaro, *The Galileo Affair: A Documentary History.* Berkeley: University of California Press, 1989, p.96.

(17) Polybius, *Histories,* VI, 56.

(18) S.M.S. Chari, *Advaita and Visistadvaita: A Study Based on Vedanta Desika's Satadusani,* London: Asia Publishing House, 1961, p.78ff.

(19) R. Feynmann, *Easy and Not-So-Easy Pieces,* London: Folio Society, 2008, p.4.

(20) J. Jaynes, *The Origin of Consciousness in the Bicameral Mind*, new edn., London: Penguin, 1993.

(21) A. Newberg, E. d· Aquili, and V. Rause, *Why God Won't Go Away*, New York: Ballantine, 2001, p.172.

(22) D. Hay, *Something There: The Biology of the Human Spirit*, London: Darton, Longman and Todd, 2006. p.xii.

(23) B. Russell, *The Autobiography of Bertrand Russell*, London: Unwin Books, 1975. p.149.（『ラッセル自叙伝』日高一輝訳、理想社、一九六八年）

(24) K. Clark, *The Other Half,* London: John Murray, 1977.

(25) R.W. Hepburn, 'Holy, numinous, and sacred', in T. Honderich, ed., *The Oxford Companion to Philosophy*,

Oxford: Oxford University Press, 1995, p.372b.

（26） J.H. Newman, *Development of Christian Doctrine*, 1.1.5.7.

（27） C.J. Jung, Forword to V. White, *God and the Unconscious*, London: Harvill, 1952. p.xiii.

第三章　アブラハムの宗教——ユダヤ教の神理解

（28） この詩およびホロコーストに対するユダヤ人の反応の一覧は次を参照のこと。*The Oxford Dictionary of World Religions*, 'Holocaust, Shoah, Hurban'.

（29） J. Bowker, *Before the Ending of the Day*, Toront: Key Publishing, 2010, p.23.

（30） D. Runes, *The War Against the Jew*, New York: Philosophical Library, 1968, p. 82.

第四章　アブラハムの宗教——キリスト教の神理解

（31） C. M. LaCugna, *God for Us: The Trinity and Christian Life*, New York: HarperCollins, 1991, p. 243.

（32） M. Wolf, *Do We Worship the Same God?* Grand Rapids, MI: Eerdmans, 2012.

第五章　アブラハムの宗教——イスラム教の神理解

（33） *AlFiqh AlAkbar II*, art.3: イスラム教の信条については　W.Montgomery Watt, *Islamic Creeds: A Selection*, Edinburgh: Edinburgh University Press, 1994. を参照のこと。

（34） W. C. Chittick, *Sufism: A Beginner's Guide*, Oxford: Oneworld, 2008, p.67.

（35） M. Ruthven, Islam: *A Very Short Introduction*, Oxford: Oxford University Press, 2000, p. 49.（『一冊でわかるイスラーム』菊地達也訳、岩波書店、二〇〇四年）

（36） D. Thomas, *Anti-Christian Polemic in Early Islam: Abu 'Isa al-Waraq's 'Againist the Trinity*, Cambridge: Cambridge University Press, 1992.

（37） *AlFiqh AlAkbar II,* art.6.
（38） Ziya udDin Barani, *Tarikh-i-Firuzshahi,* ed. A. Khaan, Culcutta: Asiatic Society of Bengal, 1860-2.

第六章　インドの宗教

（39） D.L. Eck, *Encountering God: A Spiritual Journey from Bozeman to Banaras,* Boston:Beacon Press, 1992, p.83.
（40） S. Huyler, *Meeting God: Elements of Hindu Devotion,* New Haven: Yale University Press, 1999, p.36.
（41） A. Bharati, "The Hindu Renaissance and its Apologetic Patterns", *Journal of Asian Studies,* xxix, 1970, p.273.
（42） M. M. J. Marasinghe, *Gods in Early Buddhism: A Study in Their Social and Mythological Milieu as Depicted in the Nikayas of the Pali Canon,* Kelaniya: University of Sri Lanka, 1974, p.79.
（43） *Tiruvaymoli* 5.2.1.
（44） Devi Gita 3.12-8, C. M. Brown 訳 , *The Devi Gita: The Song of the Goddess*,Albany: State University of New York Press, 1998, p.118.
（45） *Tiruvaymoli* 2.5.9.
（46） Udayana, *Nyayakusumanjali* 1.3.

第七章　神を知ること

（47） E. St. V. Millay in *American Poetry,* 1922; *A Miscellany,* New York: Harcourt, Brace, 1922.
（48） Francis Thompson, *Selected Poems of Francis Thompson,* London: Burns,Oates, 1921, p.132f.
（49） R. B. Pandey, *Hindu Samskaras: A Socio-Religious Study of the Hindu Sacraments*, Banares: Vikrama, 1949.
（50） M. Flower 訳　*Centred on Love: The Poems of St John of Cross*, Varrowville: The Carmelite Nuns, 1983, p.18.

(51) alAshari, *Magalat allslamiyin*, ed. H. Ritter, Istanbul, 1929-30, I, 155f.

訳者あとがき

私たち日本人はよく無神論者だといわれることがあるが、はたしてそうだろうか。アメリカの映画やテレビドラマの法廷での証言シーンでは、聖書に手を置いて真実を述べますという誓いがなされるし、大統領就任式でも聖書に手を載せ宣誓が行なわれる。一方、日本では、法廷でも国会でも証言の際に「神かけて」真実を述べますなどとは言わない。

以前に某元総理が「日本は神の国である」と言って批判されたことがあったが、その真意はともかく、言葉だけを考えると、彼は案外正しいことを言っていたのかもしれない。欧米にくらべ、日本の小説や映画などでは、神はそれほどひんぱんに登場しないが、日常の生活では、私たちはすっかり神に囲まれていると言っても過言ではない。なにしろ日本には八百万どころか千万の神がいることになっている。山や小高い丘をはじめ大木、海、湖、沼、川、池ばかりか、滝そのものも神であり、また大きな岩、石なども神とされている。さらに、家の中にも台所、厠、井戸、竈などにそれぞれの神がいる。むしろ神のいない所を探すのが困難なくらいだ。

文部省発行の『宗教年鑑』によれば、二〇一八（平成三〇）年の神道系の信者数は八四七〇万人、仏教系の信者数は八七七〇万人となっており、合計一億七二四〇万人となり、日本の総人口を上回ってしまう。これはいろいろに解釈できるが、神道と仏教の両方の信者として数えられている人がかなりいることを表わしているようだ。ちなみにキリスト教信者はカトリック、プロテスタントの両方を合わせても二〇〇万人弱である。この数字だけからみれば、日本人は無神論者どころか、反対にとても信心深いといえるのではないだろうか。ただキリスト教の神を信じている人の数が国民のわずかに一、二パーセントと極端に少なく、ほとんどの日本人は世界の多くの国で一番信じられている一神教の神を信じていないというだけのことである。

「神」という同じ言葉を使っているが、日本人あるいは神道の神とキリスト教など一神教の神とでは、その意味がまったく違っているようである。ユダヤ教、キリスト教、イスラム教などでは、神はたった一人しかいず、唯一無二であって、他に神と呼べるようなものの存在を認めない。もしそんなものがいたら、それは偽の神であり、その信者とともに滅ぼすべきものとされる。一方、日本には八百万といわれるほど多数の神がいる。一神教では神は造物主で宇宙全体を創ったとされ、当然人間も土をこねて造られたのだが、日本では人間は神から造られたわけではなく、自然にこの世に生まれ出たとされている。私たちはクリスチャンのように一個人として神と向かい合う、対話するなどということはあまりない。本書にも述べられているが、一神教の神は、人間に私だけを「信じろ」、決して他のものを信じてはならぬ、と要求する。そのために約束つまり「契約」を交わそう、と呼びかける。日本では神との関係はもっと自由であり、約束などないし、「契約」したから「信じる」といった性質のものでもない。人間と神との関係を考えた場合、この点はキリスト教などとの根本的な違いである。私たち日本人にとってキリスト教の神がどうしても理解しにくい原因の一つは、案外ここら辺にあるのではないだろうか。日本などの多神教はキリスト教などの一神教より未発達の宗教であるとされてきたが、その説には疑問が出されている。どちらが優れているかではなく、両者がいかに異なっているかを明らかにすることが先決だろう。

私は神を信じたい。神を信じることで人生の意味や価値がよりはっきりし、生きる目的もわかるのではないか。神がいて、はじめてすべてのものが意味をもち、もし、神がいなければ、私を含めすべてが何の意味もない、とも思う。しかし、それでも、どうしても神を信じることができないで長い間悩んできた。その理由をはっきりさせたいといろいろ試みてもみた。そこで少しずつはっきりしたのは、私が神と呼んでいる当のそのものがかなり曖昧であるということである。

まず、神の居所が不明である。永遠のかなたか、それともすぐ近く（コーランにあるように頚の血管より近く）、あるいは私の心の中なのか。また、神が内在するとはどういうことか。さらに、神の正体つまり性格づけ、内容、本質もよくわからない。例えば、アメリカ政府を支えているといわれるアメリカの聖書福音派の信者たちは、他国人、例えばイラク人などを、なぜ平気で殺せるのか。なぜ、広島や長崎へ原爆を落とし、なんの痛みも感じないどころか、むしろ良いことをしたとさえ考えるのか。彼らが熱心に信仰し、彼らの心を支えているのはキリスト教の神であるが、愛を説く神イエスと原爆がどう結び付くのだろうか。また、最近世界中でひんぱんに起こる殺人テロの声明に必ず出るアッラーという神は、本来は慈悲深いのではなかったのか。歴史的には、神の名の下に生かされた人より、むしろ殺された人のほうが多いのではなかろうか。さらにもっと根本的な問題は、もしかしたら、神は存在しない、いないのではないか、神は人間が困ったあげくにでっち上げたものにすぎないのではないか、ということである。住所、性格、存否も不確かなままで、それを信じることは難しい。

一方、このような世俗的な低レベルのことがらに拘泥していては、深淵かつはるかな高みにある神など知ることはできないともいわれる。私も人並みに、広く輝く星空、風にそよぐ緑の木の葉や路傍の名も知らぬ草花の美しさなどの背後に、神的な存在みたいなものを感じることはある。しかし、それはそこで止まっており、それ以上には進まない。その素朴な「聖なるもの」への感情を、次にどう組み立てて神にまで結びつけるか、そこのところで足踏みしたままである。

このように神についてはよくわからないところばかりである。ようやく、現在、世界のいたるところで、宗教界においてこれまでタブー視されてきた事柄が次々に明らかにされつつあるが、この流れはさらに続くものと考えられる。神はもはや宗教界の占有物ではなくなりつつある。最近は人類学、言語学、認知心理学、進化生物学などいわゆる社会科学や自然科学の立場からのアプローチもなされており、その成果のいくつかを参考文献にあげておいた。

たまたま本書を手にされた読者も、私と同じように神について憧れと同時に疑問を持っておられるのではないだろうか。神の問題は一生かかるテーマだから、あわてて解決する必要はなく、いろいろな考えを読み比べ、さらに自分自身と正直に対話しながら、ゆっくり進めて行くのがいいと思う。その結果として特定の宗教の神を信じるようになるか、あるいは無神論者になるか、あるいはどちらでもない不可知論者として過ごすことになるかでしょう。そのいずれであっても大差はなく、むしろ安直な信者であるよりは、悩み多い無神論者か不可知論者である方が、結局、神についてのより深い、正しい認識あるいは信仰へ至ることができるように思う。

神について書かれた本は無数にあるが、これまでは特定の神を信じている宗教学者や哲学者によるものがほとんどで、公平で中立的な立場から論じたものは案外少ない。その点、本書の著者はクリスチャンと思われるが、それにもかかわらずできるだけ公平な態度で神をわかりやすく説明しようとしている。ただ、インドの宗教を多神教ではないとしているが、多神教だとする説もあるようだ。

著者のジョン・ボウカー（一九三五～）は、ケンブリッジ大学トリニティーカレッジの評議員および学監を経て、グレシャム大学、およびランカシャー大学、ペンシルヴァニア大学、ノースカロライナ州立大学などで宗教学の教授を務めた。四〇冊以上の編著があり、主なものに、*The Sense of God* (Oxford: Oxford University Press, 1995), *The Religious Imagination and the Sense of God* (OUP, 1978), *World Religions*(Dorling Kindersley, 2006), *What Muslims Believe* (Oxford: Oneworld Publications, 2009), *Beliefs That Changed the World* (Quercus, 2015), *Why Religions Matter* (Cambridge: Cambridge University Press, 2015) などがある。邦訳されたものに

『世界宗教百科』（村松一男訳、原書房、二〇〇六年）、『聖書百科全書』（荒井献・井谷嘉男・池田裕訳、三省堂、二〇〇〇年）、『死の比較宗教学』（石川都訳、玉川大学出版部、一九九八年）、『苦難の意味――世界の諸宗教における』（脇本平也ほか訳、教文館、一九八二年）、『イエスとパリサイ派』（土岐正策・土岐健治訳、教文館、一九七七年）などがある。

最後になったが、用字用語の統一やファクトチェックにより訳文をより確かなものにしてくれた旧知の編集者の金谷一郎氏、また英文の意味の不明な箇所などについて教えてくれると同時に、滞りがちな翻訳作業についても励ましてくれた関西学院大学講師の矢野睦氏の両友に対し、ここに記して深い感謝の意を示したい。さらに、本書のような、ほとんど利益を期待できそうにないものの出版を快く引き受けてくださった知泉書館の小山光夫社長には心からのお礼を申し上げる。

二〇一九年　早春

中川正生

参考文献

神に関する文献は数え切れないほどあるが、ここではこの種の本を初めて読む読者向けに初歩的、一般的で入手しやすいものを訳者が選んだ。なお、欧文の文献は著者ボウカーが入門者向けに配慮して選んだものである。

『神の発明』中沢新一著、講談社選書メチエ、二〇〇三年
『日本人の神』大野晋、河出文庫、二〇一三年
『「神」という謎――宗教哲学入門』第二版、上枝美典著、世界思想社、二〇一三年
『神なき宗教』ロナルド・ドゥオーキン著、森村進訳、筑摩書房、二〇一四年
『聖なるもの』ルードルフ・オットー著、久松英二訳、岩波文庫、二〇一〇年
『神はどこで見出されるか』滝沢克己・八木誠一編、三一書房、一九七七年
『ティリッヒ著作集』第十巻、パウル・ティリッヒ著、武藤一雄他訳、白水社、一九七八年
『宗教的経験の諸相』ウィリアム・ジェイムズ著、桝田啓三郎訳、岩波文庫、一九六九年
『無神論――二千年の混沌と相克を超えて』竹下節子、中央公論新社、二〇一〇年
『宗教の哲学』ジョン・ヒック、間瀬啓允・稲垣久和訳、勁草書房、一九九四年
『フロイトと神』ハンス・キュング著、鈴木晶訳、教文館、一九八七年

『神の歴史』カレン・アームストロング著、高尾利数訳、柏書房、一九九五年
『神は妄想である』リチャード・ドーキンス著、垂水雄一訳、早川書房、二〇〇七年
『神はなぜいるのか?』パスカル・ボイヤー著、鈴木光太郎・中村潔訳、NTT出版、二〇〇八年

著者ボウカーの神関連の編著として次のものがある。

John Bowker, *God: A Brief History,* London, Dorling Kindersley, 2002.（神についての多様な考え方を現代までたどる）。

The Message and the Book, London, Atlantic Book, 2011.（主な宗教の聖典のより詳しい紹介）。

The Sense of God : Sociological, Anthropological and Psychological Approaches to the Origin of Sense of God, 2nd edn, Oxford , One World, 1995.（最新のより詳しい研究まで言及）。

J. Bowker, Ed., *Knowing the Unknowable: Science and Religions on God and the Universe*, London, I.B. Tauris, 2009.（初歩的でない論考も含む）。

第一、二章（神そのもの）

A. F. Kimel ed., *Speaking the Christian God: The Holy Trinity and the Challenge of Feminism,* Grand Rapids, Eerdmans, 1992.

G. M. Jantzen, *Power, Gender and Christian Mysticism*, Cambridge University Press, 1995.

B. Davies, *Thinking About God;* London: Chapman, 1985.

B. Davies, *The Reality of God and the Problem of Evil*, London, Continum, 2006.

A. Flew, *There Is a God: How the World's Most Notorious Atheist Changed His Mind*, New York: HarperCollins, 2007.

R. Swinburne, *The Christian God*, Oxford, Clarendon Press, 1994.

E. Feser, *Aquinas*: A Beginner, s Guide, Oxford, Oneworld, 2009.

A. Newberg, E. d'Aquili and V. Rause, *Why God Won't Go Away*, New York: Ballantine, 2001.

D. Hay, *Something There: The Biology of the Human Spirit*, London: Darton, Longman and Todd, 2006.

M. Wolf, *Do We Worship the Same God?* Grand Rapids, MI: Eerdmans, 2012.

第三章（ユダヤ教）

L. Jacobs, *A Jewish Theology*, London, Darton, Longman and Todd, 1973.

J. Magonet, *The Explorer's Guide to Judaism*, London, Hodder and Stoughton, 1998.

I. Clendinnen, *Reading the Holocaust*, Cambridge, Cambridge University Press, 1999.

J. S. Minkin, *The World of Moses Maimonides*, New York, Yoseloff, 1957.

第四章（キリスト教）

P. Vardy and J. Arliss, *The Thinker's Guide to God*, N. Arlesford, O Books, 2003.

S. J. Grenz and R. E. Olsen, *20th Century Theology, God and the World in a Transitional Age*, Denvers Grove, Paternoster, 1992.

J. P. Mackey, *The Christian Experience of God as Trinity*, London, SCM, 1983.

C. M. LaCugna, *God for Us: The Trinity and Christian Life*, New York: HarperCollins, 1991.

G. W. Hughes, *God of Surprises*, London, Darton, Longman and Todd, 1985.

第五章（イスラム教）

K. Cragg, *Readings in the Quran*, Brighton, Sussex Academic Press, 1999.

K. Cragg and M. Speight, *Islam from Within: Anthology of a Religion*, Belmont, Wadsworth, 1980.

M. Ruthven, *Islam: A very Short Introduction*, Oxford: Oxford University Press, 2000.（マリーズ・リズン『1冊でわかる　イスラーム』菊池達也訳、岩波書店、二〇〇四）。

W. Montgomery Watt, *Islamic Creeds; A Selection*, Edinburgh: Edinburgh University Press, 1994.

M. Akyol, *Islam without Extremes: A Muslim Case for Liberty*, New York, Norton, 2011.

M. A. Quasem, *Salvation of the Soul and Islamic Devotions*, London, Kegan Paul, 1983.

W. Chttick, *Sufism: A beginner's Guide*, Oxford: Oneworld, 2008.

W. Montgomery Watt, *Muslim Intellectual: A Study of Al-Ghazali*, Edinburgh, Edinburgh University Press, 1963.

第六、七章（ヒンドゥー教ほか）

G. Flood, *An Introduction to Hinduism*, Cambridge, Cambridge University Press, 1996.

A. Danielou, *Hindu Polytheism*, London, Routledge, 1964.

K. K. Klostermaier, *Hindu Writings: A Short Introduction to the Major Sources*, Oxford, Oneworld, 2000.

D. L. Eck, *Encountering God: A Spiritual Journey from Bozeman to Banaras*, Boston: Beacon Press, 1993.

H. Elgood, *Hinduism and the Religious Arts*, London, Cassell, 1999.

A. Shearer, *The Hindu Vision: Forms of the Formless*, London, Thames and Hudson, 1993.
I. Matthew, *The Impact of God*, London, Hodder and Stoughton, 1995.
R. Woods, *Eckhart's Way*, Dublin, Veritas, 2009.

中川 正生（なかがわ・まさお）

1940 年長崎県生まれ。法政大学文学部卒，1972 年同大学大学院文学研究科哲学専攻博士課程を単位取得退学。TBS ブリタニカを定年退職後翻訳に従事。
〔主要訳書〕K. M. セーン『ヒンドゥー教』（講談社現代新書，1999 年），J. パリンダー『神秘主義』（講談社学術文庫，2001 年），J. クリシュナムルティ『いかにして神と出会うか』（めるくまーる，2007 年），同『愛について，孤独について』（麗澤大学出版部，2013 年）など。

〔入門　神とはなにか〕　ISBN978-4-86285-292-2

2019 年 3 月 25 日　第 1 刷印刷
2019 年 3 月 30 日　第 1 刷発行

訳　者　中　川　正　生
発行者　小　山　光　夫
印刷者　藤　原　愛　子

発行所　〒113-0033 東京都文京区本郷1-13-2　電話03(3814)6161 振替00120-6-117170　http://www.chisen.co.jp　株式会社 知泉書館

Printed in Japan　印刷・製本／藤原印刷

索　引

ア　行

カ　行

サ　行

タ　行

ナ　行

ハ　行

マ　行

ヤ　行

ラ　行